ちくま文庫

ぼくたちは習慣で、できている。
増補版

佐々木典士

筑摩書房

自分は「意志が弱い」と思い込んでいる、すべての人へ

目次

2章　習慣とは何か？　69

3章 習慣を身につけるための55のステップ 111

4章 ぼくたちは習慣で、できている。

ぼくたちは習慣で、できている。増補版

本文イラスト　やまぐちせいこ

SPECIAL THANKS　山中理恵子
Jeff Shreve

＊文庫化にあたり、「習慣を身につけるための50のステップ」を55のステップへと増補した。その他に適宜加筆修正した。
＊文中の［★0―1］というような記号部分は、巻末の参考文献を参照。

はじめに

ぼくはいつも自分のことを「才能がない」と思っていた。何をやっても真剣に続くことはなく、スポーツでも勉強でも大した結果は残せなかったからだ。しかし習慣を学んでいくにつれて考えが変わった。今の自分に才能があるかどうかなんて、大した問題じゃない。

才能は「与えられる」ものではなく、習慣を続けた果てに「作られる」ものだからだ。

例えば、坂口恭平さんという作家がいる。坂口さんが書く小説は、普通の作家とはまったく違う言葉の組み合わせで書かれている。そしてギターで心揺さぶる曲を作ることができるし、現代美術家顔負けの絵も描ける。最近は椅子を作ったり、編み物までしている。どう見たって天才に見える。

しかしそんな坂口さんも活動を始めた時は、父親から「才能ないんだから作家なんてやめなさい」と言われ、弟さんからは「下手な鉄砲数打ちゃ当たってるだけだ！」と言われていたそうだ（坂口恭平さんのツイッターより）。そんな坂口さんが口癖のように言っている言葉がある。「才能ではなく継続だ」と。確かにイチローも村上春樹も、第一線で活躍している人は誰だって自分のことを天才ではないという。

その一方で、ぼくたちが魅了されるのはいつだって天才の物語だ。怒りによって、才能が目覚める『ドラゴンボール』。ケンカしかしてこなかったはずの主人公がいきなりすごいジャンプ力を見せる『スラムダンク』。選ばれし者が、突然自分の能力に目覚める『マトリックス』のようなハリウッド映画。

現実の生活をしばらく送っていれば、才能がどうやらこういうものとは少し違うということはわかってくる。天才たちを見れば、誰でもきちんとした努力をしている。アメリカの思想家エルバート・ハバードは、天才とはただ努力の継続ができる人のことだ、と言ったという[★0—1]。

なるほど、確かにその通りかも知れない。でもぼくが次に思ったのはこうだ。では自分には、その「努力を続けられる才能」がないのではないか?

ぼくは今、才能や努力という言葉は誤解されて使われていると思っている。才能というのは天から与えられるようなものではないし、努力は歯を食いしばるような苦しみのことでもない。それを「習慣」というテーマで明らかにしてみたい。そうして才能や努力を、もっと普通の人の手に取り戻したい。それは限られた人にしか得られないものではなく、工夫次第で身につけられるものである。この本の内容を簡単にまとめるとこうなる。

・才能は「与えられる」ものではなく、努力を続けた後に「作られる」ものである。
・その努力は、習慣にしてしまえば継続できる。
・その習慣を身につける方法は、学べるものである。

前作の『ぼくたちに、もうモノは必要ない。』を書くことで、ぼくはお金とモノのコンプレックスから解放された。そしてこの本を書くことで、ぼくは「努力」や「才能」というものへのコンプレックスからも解放されようとしている。

どうやらこの本はぼくにとって「最後の自己啓発」になりそうなのだ。

さあ、最後の準備を始めよう。

この本の構成について

この本の構成は、習慣を身につけるときと同じで、最初がいちばん難しいです。なので手っ取り早く「習慣化のコツ」だけ知りたいという人は３章だけ読むのもオススメです。

１章で考えるのは「意志力」の問題です。何か習慣を身につけたくても、三日坊主になることはよくあります。そして人はその理由を「私は意志が弱い」と表現したりします。弱い強いで表現される意志力とは、一体どんなものなのかを考えます。

２章で考えるのは、習慣とは何かということ。そして「意識」の問題です。習慣とは「あまり考えずにする行動」のこと、つまりぼくたちが自分の心だと考えている「意識」を呼び出さずに取る行動だとぼくは考えています。

３章は、実際に習慣を身につけるためのステップを55に分けて段階的に説明しています。何かをやめるときと、何かを始めるとき、両方に参考になるポイントです。習慣に関しての本はたくさんありますが、そのエッセンスを１冊にまとめたつもりです。

４章は、習慣を学ぶことで見えてきた「努力」「才能」という言葉の意味を書き換えます。そしてぼくが習慣を実践することから感じた、習慣の可能性について。習慣はただ目標達成のために有効というだけでなく、もっと深い意味があるように思うのです。

習慣は第二の天性である。

——キケロ

習慣は第二の天性⁉
習慣の方が十倍も天性である。

——ウェリントン卿［★0―2］

1章

意志力は、生まれつき決まってる？

ARE WE BORN WITH WILLPOWER?

ぼくの1日の過ごし方

「私は、自分がなりたいと思った通りの人間だ」。こんなカッコいいことを言ったのは、ぼくがいちばん好きな映画監督のクリント・イーストウッドだ（マイケル・ヘンリー・ウィルソン『孤高の騎士クリント・イーストウッド』石原陽一郎訳、フィルムアート社）。ぼくにはとてもじゃないが言えない。しかし今ぼくは、かつての自分がこう過ごしたいと思った通りの毎日を送っている。ぼくが朝起きてからの平均的な1日を紹介したい。

平均的な1日のスケジュール

05:00 起床➡ヨガ

05:30 瞑想

06:00 原稿を書くか、ブログを書く

07:00 掃除➡シャワー➡洗濯➡朝食➡お弁当作り

08:00 日記を書く➡英語を話す➡ニュースやSNS

09:10 パワーナップ（戦略的二度寝）

09:30 図書館に「出勤」

11:30 昼食

14:30 図書館から「退社」

15:00 パワーナップ

15:30 ジムに行く

17:30 スーパーで買い物、メールを返信、SNS

18:00 夕食後、映画を見る

21:00 ヨガマットを出しストレッチ

21:30 就寝

土日や祝日も変わらず、ほぼ同じような毎日を過ごしている。友人と会ったり、イベントに出かけたり、旅行などの特別な予定がある時が休みの日。だいたい1週間に1日程度は休んでいる。ぼくは今38歳で独身。1人暮らしをしていて、書くことを仕事にしている。

「独身で、自由の利くフリーランスなら誰だってこれぐらいできる」と思うかもしれない。しかし、ぼくが憧れていた自由と時間を得たとき、状況は今とはまるで違っていた。

しばらく楽しんだ隠居

> 人間は、屋根屋だろうが何だろうが、あらゆる職業に自然に向いている。向かないのは部屋の中にじっとしていることだけ。
>
> ――パスカル(『パンセ1』前田陽一、由木康訳、中公クラシックス)

ぼくは勤めていた出版社を2016年で辞め、フリーランスで書く仕事を始めた。ボーナスや退職金をもらったばかりなので、お金のことはしばらく心配しなくてもいい。毎日どれだけ寝ていても誰からも怒られないし、毎日どこかへ遊びに行くのも自由だ。編集者として忙しなく12年間も働いてきたので、しばらくゆっくりしてもバチは当たるまい、そう思っていた。

そうしてダイビング、サーフィン、マラソンなど、時間があったらやりたいと思っていたバケットリストにたくさん挑戦した。車の運転、野菜を育てること、DIYなど、新しくできるようになったこともたくさんある。東京から京都に引っ越したので、関西の見知らぬ場所に出かけるのも楽しかった。

これは理想的な状態に思えるかもしれない。宝くじが当たったり、リタイアしたらこんなふうに過ごしたいと思っている人は多いのではないだろうか。嫌なことはせず、自分がしたかったことだけを存分にする。

自由時間は多すぎないほうが幸せ

編集者時代には、昼食を食べた後のわずかな休憩時間に本を読むのが大きな楽しみだった。仕事を辞めればもっと楽しむ時間が増えるだろうと思ったが、実際は違った。一日中いつでも読めるとなると、なぜか手が伸びない。「時間があったらできる」と人はよく空想するものだが、「時間がありすぎるとできない」こともある。

毎日やるべきことを見つけるのも大変だった。雑事を見つけてはこなし、おもしろそうな場所を見つけては出かけていたのだが、やがてそれにも飽きてくる。そうしてぼんやりしている時間が増えた。筋膜リリースに使うボールを天井に向かって投げて、キャッチする。最近うまくなったのはこれだけだ。ある時、近所の温泉に昼間から入っていたのだが、なぜだか全然嬉しくないことに気がついた。それもそのはず、ぼくには癒やされるべきストレスも疲れもなかったのだ。

ある研究によると、人の自由時間は1日7時間以上あると、逆に幸福度が下がってしまうそうである。身に沁みて、本当にそうだと思う。パスカルが言うように、人間は他の動物と違って何もせず、ただじっとしていることができない。時間のゆとりと、したいことができる自由は幸せの条件だと思う。しかし、それに浸りきることもまた、幸せではないのだ。

不自由から逃れた先には、自由の苦しみが待っていた。ガンディーは、怠けていることは喜びかもしれないが重苦しい状態だ、と言ったという。その通りだ。喜びはあったが、とても重苦しかった。はじめて育てた野菜は全然成長しなかった。ぼくはその野菜を見て、なんだか自分みたいだと思った。

「好きなことだけしよう」と巷でよく言われる。それは正しい。しかしそれは「楽なことだけしよう」という意味ではまったくない。

ミニマリストというセーフティネット

救われたのは、ミニマリストのライフスタイルを実践していたことだ。家にモノが少なく、片づけも掃除も習慣づいていた。心と部屋の状態は連動している。部屋がいつでもきれいなことは、ぼくの落ち込みの底をセーフティネットのように支えてくれていたと思う。本当にモノを減らしていてよかった。

すでにお酒を断っていたこともよかった。お酒を断っていなければ、ぼくは昼間からお酒をあおって、自分を紛らわせていたのではないかと思う。ぼくに欠けていたのは、毎日の手応えだった。自分が成長していると感じられることだった。本当は自分もわかっていたはずだ。仮病を使って学校を休めば、それが成立した一瞬は嬉しくてもだんだん楽しくなくなってくる。仕事に気乗りしない時、適当な用事をホワイトボードに書いて退社したはいいが、帰り道に自分を苛んだことも一度や二度ではなかったのだから。

ぼくは、ミニマリズムの次に選んだテーマが「習慣」だったことに、ただならぬ運命を感じている。このテーマなしでは、ぼくの心はミニマリスト以前の荒れたものに戻っていたかもしれない。

もちろん、ぼくが今こなしている習慣は、独身でフリーランスであるという自由な立場を活かしているし、小さなお子さんがいたりすれば当然こうはいかないだろう。しかし、習慣は時間とエネルギーがたっぷりあるだけでは身につかず、かえってそれを阻害する原因になることさえある。ぼくが習慣を身につけるべく奮闘し学んだことは、仕事や子育てで忙しい人にも何かしら役立つと信じている。思い切りダラダラした生活をしていても、満たされて幸せそうな人がいる。そういう人に「もっとマシな習慣を身につけなさい」なんてぼくは言わなくてもいいとも思う。でも多くの人が、自分の生活に何かしら気にかかる点があるのではないだろうか？　そういう人たちの助けになれば幸いだ。

なぜ新年の誓いは失敗するのか？

新年に立てる誓い、ぼく自身がそのすべてに失敗してきた。

- ●早起きしたり、規則正しい生活をする
- ●部屋をきれいな状態に保つ
- ●食べすぎず、飲みすぎず適正な体重を維持する

●運動を定期的に行う
●勉強や仕事を先延ばしせず手をつける

早起き、片づけ、食事、運動、勉強や仕事。身につけたいと思う習慣は、誰でもほとんど同じ。問題はなぜそれが、こんなに難しいのかということ。

ご多分にもれずぼくも新年になると、毎年目標を立ててきた。しかし2002年に行われたある調査によれば、その目標が達成される可能性はたった4％だったという。ぼくの目標もいつも達成されない96％のひとつで、「新年の誓い」の内容は毎年変わらなかった［★1―1］。

ぼくはずっと自分の「意志が弱い」せいだと考えていた。「私は意志が弱い」、何かを達成できない時、誰もがそう口にする。世の中には意志の強い人と弱い人がいる、そういう考え方だ。

1章で考えたいのはこの「意志力」についてだ。誰もが口にするが実はあまり知られていない意志力。それが一体どんなもので、どうやって働いているのかを、少しややこしくなるが詳しく検討してみたいと思っている。

そもそも、習慣を身につけるのがこんなに難しいのはなぜだろう？　それは目の前にある「報酬」と、将来の「報酬」が矛盾するからだ。

すべては「報酬」と「罰則」である

この「報酬」や「罰則」という考え方は習慣にとって欠かせないテーマなので先に一度整理しておきたい。

●美味しいものを食べる
●たっぷり寝る
●お金を得る
●好きな人や仲間と交流する
●SNSでいいねをもらう

これらはすべて報酬だ。単に「気持ちのいいこと」と考えてもらえばよい。人間が取るすべての行動は、何かしらの報酬を求めてするものと考えることができる。問題はそれが矛盾する場合があるということ。

目の前のお菓子を食べることは報酬だが、お菓子を我慢して健康的な肉体や魅力的なスタイルを手に入れることもまた報酬だ。食べすぎた結果太ったり、病気になることは罰則だと言える。目の前の報酬ばかり楽しんでいると、将来の報酬が得られないばかりかいつか罰則を受けるハメになる。

人は、取るべき行動自体は知っている。

●スマホやゲームで遊ばず、勉強や仕事に手をつける
●娯楽で夜更かししないで、きちんと睡眠時間を確保する
●ゴロゴロしないで、運動する
●食べ物を我慢して、痩せる

しかし、これがなかなかできない。早起きすれば、ゆったり準備をして混雑しない電車に乗れる（報酬）のに、目の前の「あと5分寝る」（報酬）に勝てずスヌーズボタンを連打してしまう。「これは……二日酔いになるやつや！」（罰則）とわかっていても、手に持ったワイン（報酬）を止められない。宿題や仕事を先延ばしにすれば、将来の自分があせって困る（罰則）ことはわかっているのに、スマホやゲーム（報酬）に興じてしまう。

よい習慣を身につけられない原因は、人が目の前の報酬にどうしても屈服してしまうことに原因がある。目の前に報酬がぶら下がっていたとしても、将来の報酬を得た

り罰則を避けるために、それを断てる人が「意志の強い人」という気がするが、本当にそうだろうか？

今日1個のリンゴと明日2個のリンゴ

学校から帰宅したカツオ君が、サザエさんからこう言われたとしたらどう思うだろう？

「おかえりカツオ。遊びに行く前に先に宿題をするなら、「1年後」にケーキを食べてもいいわよ」

こんなことを言われたら、カツオ君でなくても、中島君が待っている空き地へ飛んで行ってしまうのではないだろうか？

この問題を考えるために、行動経済学者のリチャード・セイラーが実験で使ったのはリンゴだった（イアン・エアーズ『ヤル気の科学――行動経済学が教える成功の秘訣』山形浩生訳、文藝春秋）。自分ならどちらの選択肢を選ぶか、ぜひ考えてみて欲しい。

問1

Ⓐ 1年後にリンゴを1個もらえる

Ⓑ 1年と1日後にリンゴを2個もらえる

この質問をされたほとんどの人はⒷを選んだ。1年も待たされたのだから追加でもう1日待つのは苦ではない、それでリンゴが2個になるならそっちを選ぶという判断だ。しかし、

問2

Ⓐ 今日、リンゴを1個もらえる
Ⓑ 明日、リンゴを2個もらえる

こうなると、さきほどの選択肢でⒷを選んだ人でもⒶを選ぶ人が多くなる。「1日待てば、追加でリンゴをもう1個もらえる」という報酬に必要な行動は問1とまったく同じなのに、なぜか答えだけが変わってしまった。

リンゴでは人によって好き嫌いもあるかもしれない。アダムのようにリンゴに吸い寄せられる人ばかりではない。だから誰でも好きなはずのお金でも実験が行われた。精神科医のジョージ・エインズリーによって行われた実験だ（前掲書）。

Ⓐ金曜日に現金をもらう。例・1000円もらう
Ⓑ翌週の月曜日（つまり3日後に）25％多い現金をもらう。例・1250円もらう

おもしろいのは、金曜日より前にたずねた場合は、ほとんどの人は合理的にⒷを選んだのに、当日になると6割の人が気が変わって目先のⒶの少ない現金を選んだということ。この本を読んでいるような時なら冷静にⒷを選べるかもしれない。しかし、目の前に1000円札がヒラヒラしていたとしたらどうだろう？

1年後にもらえるリンゴなんて、うまく想像ができないし自分とは関係ない気がするから、もう1日待つほうを選べる。将来の報酬は、それが先にあるほど価値が少なく感じてしまう。そしてこれは報酬だけでなく罰則も同じ。夏休みの宿題をコツコツやらなければ8月末になってあせるはずだが、7月の自分からはあせっている8月末の自分がうまく想像できない。

タバコを吸っていれば将来に肺ガンになるかもしれず、甘いものばかり食べていれば糖尿病になるかもしれないが、遠い将来の罰則は軽く見積もられてしまう。それより目の前のニコチンや糖質のほうが価値が大きいというわけだ。

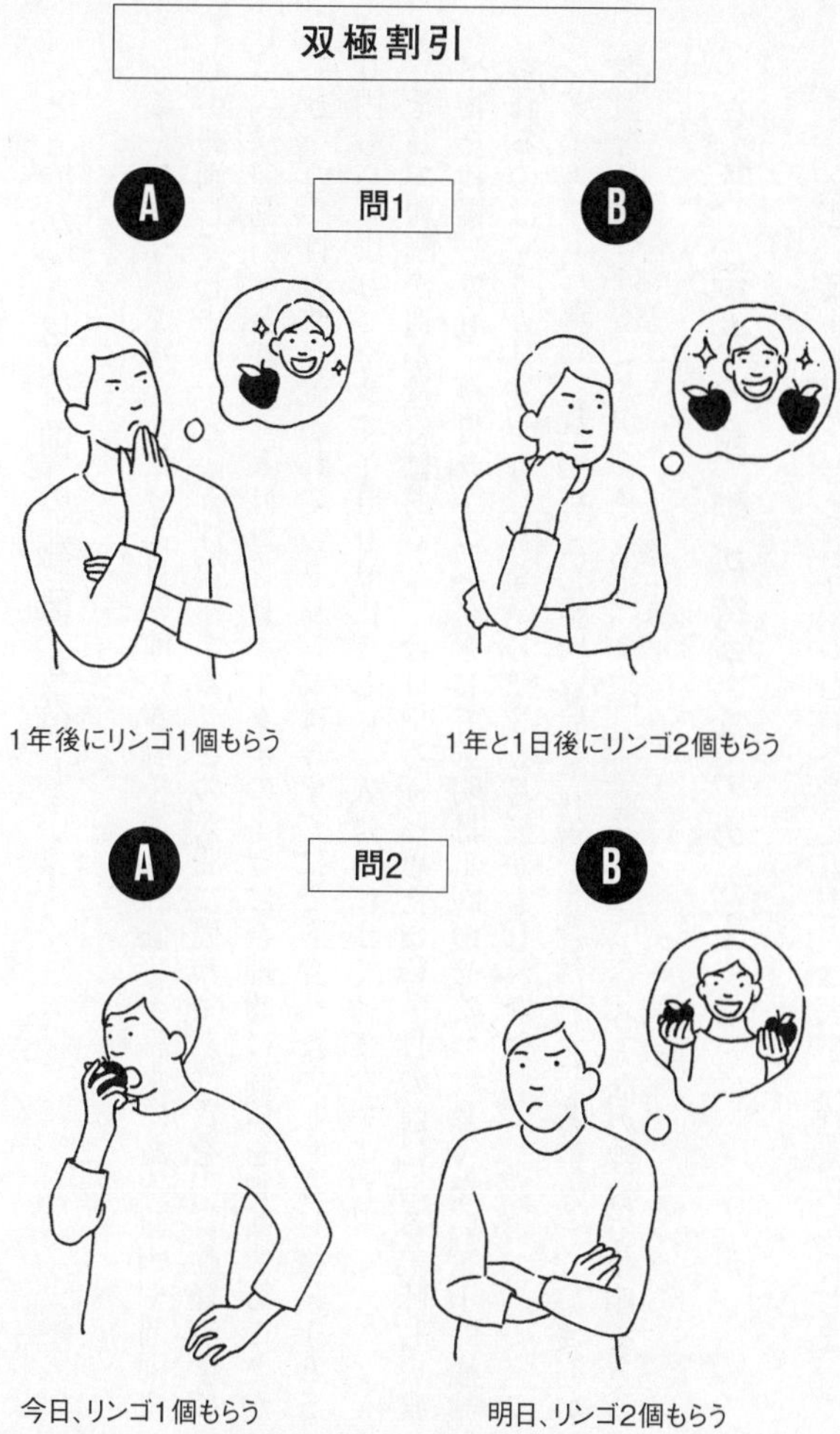

双極割引
問1
A
B
1年後にリンゴ1個もらう
1年と1日後にリンゴ2個もらう
問2
A
B
今日、リンゴ1個もらう
明日、リンゴ2個もらう

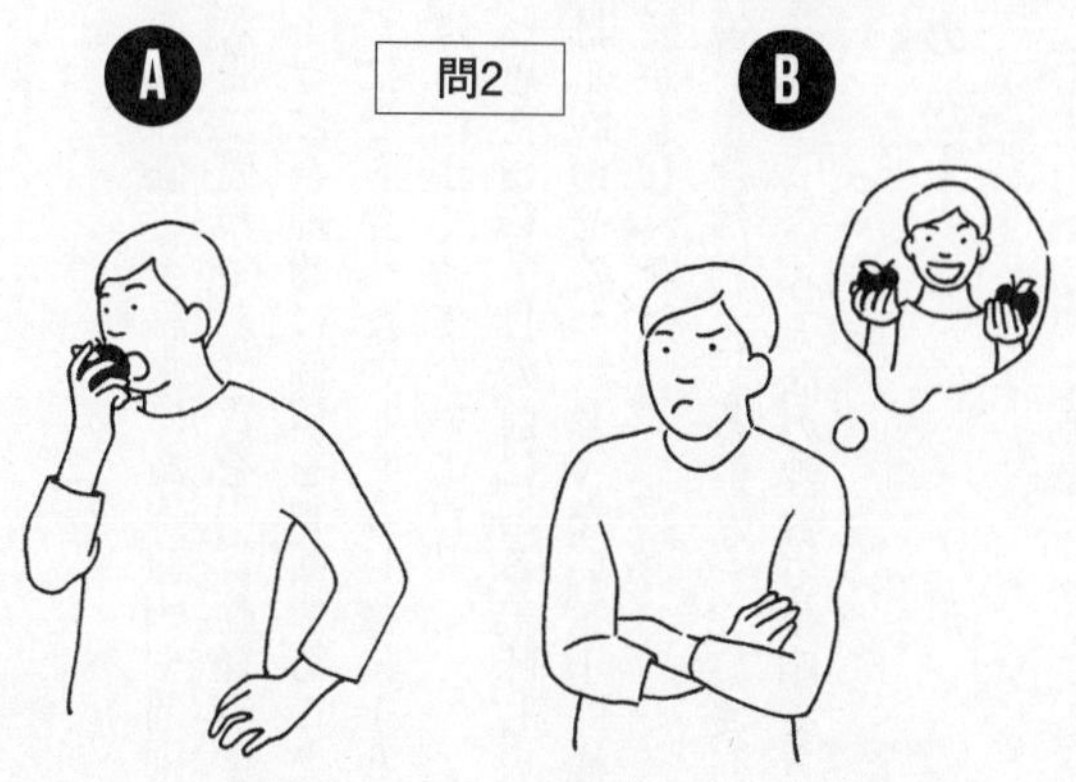

とにかく目の前の報酬が欲しい！

こんなふうになぜか人には「目の前の報酬を過大評価し、将来にある報酬や罰則を過小評価してしまう」という性質がある。この人間に備わった性質を、行動経済学では「双曲割引（そうきょくわりびき）」と呼ぶ。人はコンピューターのように合理的に価値を判断することができない。目の前に置かれているリンゴは今すぐにでも食べたいし、3日後に1250円もらうより、今すぐ1000円欲しい。人はとにかく待てないのだ。

そして報酬が遙か遠くにあると、今日やろうと思えない。目の前にある美味しい食べ物を我慢しても、今日ランニングをしても明日1kg痩せるわけじゃない。1kg痩せられるのは、1カ月後かもしれないし、3カ月後かもしれない。

ダイエット、運動、規則正しい生活、勉強や仕事を先延ばしにしないなど、好ましい習慣を身につけることが難しいのは、この「双曲割引」という人間の性質で説明できる。

なぜ、将来の報酬が待てないのか？

ではなぜ、双曲割引などというやっかいな考え方を人は大事に抱え込んでしまっているのか？　それは狩猟採集をしていた頃の大昔の人間と、現代に生きる人間の仕組みに大きな違いがまだないからだ。人間の文明は5000年程度にすぎず、それは人類史の0・2％にすぎない。だから人間の体や心の99％は狩猟生活に適したように培われている。種が進化するには、数万年はかかる。だから、ぼくたちは大昔に有効だった戦略を今も無意識に取ってしまうわけだ。

その頃生きるために必要だったのは、何より食べ物を得ることだったはずだ。そんな時代においては、次にいつ得られるかもわからない食べ物を見つけたら、見つけ次第すぐに食べてしまうのが最適解だっただろう。

現代では事情がまるで異なる。日本のような先進国であればほとんどの人が食べること自体には困っていない。スーパーやコンビニには高カロリーの美味しい食品があり余っている。今必要とされているのは、そんな誘惑をできるだけ避けつつ、運動をして余計なカロリーを消費すること。それが病気にならず生き延びるための新たな秘訣となった。

本当は必要なだけのカロリーを得た後は、猫のように寝ているのがいちばん効率的なはずだ。しかし、人間は猫と違って、寝ているばかりでは暮らしていけない社会を作り上げてしまった。それぞれの人間がする仕事は高度に専門化されてしまったので、つまらない勉強を我慢してやったり、難しい資格試験に挑戦しなければいけなくなった。上手くいけば仕事に有利な資格を手にしたり、高額の収入を得ることもできるかもしれない。

明日にも肉食動物に襲われて死ぬかもしれない時代の男性は、恋愛を楽しんだり、独身生活を謳歌(おうか)する暇などなかっただろう。自分を受け入れてくれる女性を見つけたら、いち早くセックスに持ち込み子どもを作ることが有効な戦略だったに違いない。しかし現代では、そんな性急な男性はきっと受け入れられないはずだ。

社会のゲームのルールは「目の前の報酬に飛びつかず、先にある報酬を得ること」に変更されたのに、プレイヤーの性質は変わっていない。だから「双曲割引」なんていうやっかいな現象が起こる。

なぜか、マシュマロを待ててしまう子どもたち

しかし、その新しいゲームのルールにいち早く対応できてしまう人たちもいる。好ましい習慣を続け、目標達成のために努力ができる「意志の強い」人たちだ。目の前の報酬に屈服してしまう人と、将来の報酬をしっかり待てる人たちは何が違うのだろう?

この問題に関して心理学者ウォルター・ミシェルが行った実験が、有名な「マシュ

マロ・テスト」である（ウォルター・ミシェル『マシュマロ・テスト——成功する子・しない子』柴田裕之訳、早川書房。以後マシュマロ・テストとウォルター・ミシェルの引用は同書から）。「マシュマロ・テスト」はこの本の中心的なテーマのひとつになるので、ぜひ注目してほしい。

このテストは1960年代にスタンフォード大学のビング保育園で4～5歳の子どもを対象に行われた。まずマシュマロ、クッキー、プレッツェルなどお菓子の中から子どもたち自身にいちばん食べたいものを選ばせる。そのお菓子（ここではマシュマロを代表として挙げる）を園児が座るテーブルの上に1つ置く。そして園児たちに次の選択肢から選ばせた。はっきり言ってエグい実験だ。

Ⓐ 目の前のマシュマロ1個をすぐに食べる
Ⓑ マシュマロ1個を食べずに、研究者が戻るまでの最長20分間、1人で待てればマシュマロが2個もらえる

マシュマロの近くにはベルが置いてある。我慢できなくなればそれを鳴らして、すぐに1個のマシュマロを食べてもいい。研究者が戻るまでに席を立ったり、マシュマロを食べていなければ、マシュマロ2個がごほうびとしてもらえる。

このテストが重要なのは、「目の前にある報酬に誘惑されず、将来の大きな報酬を得る」という、双曲割引に屈しない、習慣にとって必要なスキルがここに凝縮されているからだ。

園児たちはマシュマロの匂いをうっとりするように嗅いだり、かじる真似をしたり、手についたマシュマロの粉をなめたりしながら待つ。マシュマロをずっと見続けている子どもは大抵失敗した。ひと口だけかじるのを自分に赦(ゆる)すと、もう止められない。食べたいのに食べられないというジレンマを前にして、手を額に当てて悩む様子は大人が悩んでいる様子と変わらない。

テストで待てた時間は平均6分で、3分の2の園児が待てずに目の前にある1個のマシュマロを食べてしまった。残りの3分の1は待つことができ、2個のマシュマロを手にすることができた。

マシュマロ・テストで将来が予測できる？

この実験がおもしろいのはここからだ。マシュマロ・テストを受けた園児たちを、長年にわたって追跡調査した結果驚くべきことがわかった。園児の時に待てた秒数が長いほど、SAT（日本でいうセンター試験）の点数がよかった。15分待つことができ

マシュマロ・テスト

マシュマロ1個をすぐに
食べてしまった子ども

目の前のマシュマロを食べずに待ち、
2個のマシュマロを得た子ども

成人後

成績がよくなく、BMIが高く、
薬物乱用の可能性も

テストの成績がよく、
健康的で人望もあった

た子どもは、30秒で脱落した子どもたちに比べて、SATの成績が210点も高かったという。

マシュマロを待てた子どもは、仲間や教師から好かれ、より高い給料の職業についた。中年になっても太りにくく、BMIがより低く、薬物乱用の可能性も低かった。恐ろしいことに4〜5歳の時のテストで、その後その子どもがどんな人生を送るのか大方の予想ができてしまったのだ。

ニュージーランドでは、1000人の子どもが誕生から32歳まで追跡調査された。結果は同じで、自己コントロール能力の高かった子どもたちは、成人してからも肥満率が低く、性感染症を持つ者も少なく、歯の状態など健康状態もよかった（ロイ・バウマイスター、ジョン・ティアニー『WILLPOWER 意志力の科学』渡会圭子訳、インターシフト）。

マシュマロ・テストから生まれる疑問

この結果を見て、まず考えるのは「はいはい。目の前の誘惑に飛びつかず、将来の報酬を得る能力は生まれつき決まっているんですね。ぼくが習慣を身につけられない理由がわかりました〜お疲れさまでした」と諦めること。しかし鮮やかな結果とは裏腹に、いろいろと疑問が湧いてくる実験だと思う。ぼくが考えたのはこんな2つの疑問だ。

❶待てた園児たちは「意志力」のようなものを使って目の前のマシュマロの誘惑を断ち切ったと考えられる。そんな意志力があるとすれば、それはどのように働くものなのだろうか？

多くの人が口にするように「意志が弱い」せいで好ましい習慣が身につかないのであれば、意志力についての理解が、習慣についての理解も深めるはずだ。

❷その「意志力」のようなものは4～5歳ですでに決まってしまっていて、後から身につけられないものなのだろうか？

意志力は使えば減る？ ラディッシュ・テスト

まず❶の疑問から考えてみたい。子どもたちが目の前の誘惑を断つのに使ったと思われる「意志力」はどのように働くものなのだろうか？

「意志力」の問題を考える上で、もっとも有名なのが「ラディッシュ・テスト」である。チョコチップクッキーとラディッシュを使い心理学者のバウマイスターが行った実験だ（前掲書）。空腹の大学生たちはクッキーと、ボウルに入ったラディッシュが載ったテーブルの前に座らされた。部屋には焼き立てのクッキーの甘い香りが立ち込めている。

学生たちは3つのグループに分けられた。

Ⓐチョコチップクッキーを食べてもよいグループ
Ⓑ生のラディッシュしか食べられないグループ
Ⓒ空腹のまま何も食べられないグループ

Ⓑのグループはかわいそうなことに「クッキーは次の実験で使うから、ラディッシュしか食べてはいけない」と言われてしまったのだ。クッキーを食べてしまった者はいなかったが、匂いを嗅いだり、うっかり床に落としたり、クッキーに誘惑されていたのは明らかだった。

次に、それぞれの学生たちは別の部屋で図形パズルを解くように指示された。このパズルは、意地悪なことに解けないようにできている。学生たちがテストされていたのは、そのパズルを解くための知能ではなく、「どのくらいの時間で難しい課題を諦めるか」ということだったわけだ。

クッキーを食べたⒶの学生たちと、何も食べなかったⒸの学生たちは平均20分パズルに取り組むことができた。クッキーを我慢させられたⒷのグループはパズルに平均8分しか取り組めず諦めてしまった。

この実験は長い間、こんなふうに考えられていた。ラディッシュしか食べられなかったグループは、本当は食べたいクッキーを我慢するという行為で、すでに相当の意志力を使ってしまった。だから続いて意志力が必要な難解なパズルを途中で放り出してしまったのだと。要するに意志力は何か「限りのある資源」のようなもので、使えば使うほど「減る」ものではないかと考えられた。

意志力が有限であるというのは、とても想像しやすいたとえだ。上限が決まっている精神力のパワー、たとえばRPGで魔法を使うために消費するMP（マジックポイント）のようなものとして想像してもいいかもしれない。RPGに馴染みがなければ、単に車のタンクに入ったガソリンのようなものと考えてみてもいい。走らせれば走らせるほどそれは減っていく。

これはぼくたちが日常でついついやってしまう行動を完璧に裏付けるように思える。仕事で残業が続けば、帰りがけにコンビニに寄ってお菓子や甘いものを買い込んだり、しこたまお酒を飲んでしまう。そんな時は他人のちょっとした行動に対しても怒りやすくなる。

オーストラリアの心理学者ミーガン・オーテンとケン・チェンが行った実験では、試験期間中にストレスを受けた学生たちは運動せず、たばこやジャンクフードの消費量が増え、歯磨きやひげそりも手を抜いた。寝坊や衝動買いも増えたという(前掲書)。

こういったことは、誰でも身に覚えのある行動のはずだ。少なくともぼくにはありまくりだ。なるほど、意志力は確かに「減る」もののように思える。複雑な計算や、クリエイティブな仕事など難しい仕事を長時間続けることは誰にもできない。エネルギーは確かにどこかで尽き、休息や睡眠が必要になってくる。

意志力は単純に減るものではない

「意志力って要するに血糖値の問題じゃないの?」と考えた人もいた。この仮説を、砂糖で甘くした「本物のレモネード」と人工甘味料を使った「レモネードもどき」を使って実験で確かめた。レモネードもどきを飲まされたグループの血糖値は上がらず、意志力のテストを投げ出してしまった(前掲書)。確かにお腹が減りすぎると、何もやる気が起こらないことは誰だって知っているだろう。

意志力はこんなふうに、単に使えば減るエネルギーや血糖値の問題として考えていいのだろうか? ぼくはそうは思わない。これらの実験だけではうまく説明できないことがあまりに多すぎるからだ。

たとえば、ぼくの日記には、「ラーメンを食べたら↓ポテチを食べてしまい↓ダメ押しのアイスまで食べてしまった」という記録が何度も残っている。もうラーメンなんて食べてしまったのだから、あとはポテチだろうが、アイスだろうが同じことだ！というわけだ。暴飲暴食はこうして起こる。

ラーメンもポテチも我慢しなかったのだから、意志力は使わなかったはずだし、血糖値もたっぷり回復したはずだ。なぜその温存し、回復した意志力で最後のアイスだけは我慢しなかったのだろう？

ジムで運動した帰りは、お腹も減って意志力を消耗しているはずだが、ぼくはそういう時にスーパーに寄っても不健康な食品に手は伸びない。逆に不健康な食品に手を出すのは、今日こそはジムに行かねばと思っていたのに、うだうだして行けなかった日だ。

「やらない」ことで減る意志力もある

意志力が使えば減るエネルギーのようなものなら、それをできるだけ「温存」することが有効な戦略になる。『スラムダンク』の流川君が、バスケの試合で前半を捨て、後半に集中したようなものだ。

しかしそれでは朝はたっぷり寝坊し、会議にはいつもギリギリで行ったほうが意志力は効果的に使えるという話になる。ダラダラしている同僚を見て「もしかしてあいつ……午前中は捨てたのか?」などと思う人がいるだろうか? 午前中ダラダラしている人は、午後もずっとダラダラしているものだ。

ぼくはまず朝にきちんと起きられないと、その後の仕事も、さらに続く運動もうまく取り組めないことが多い。やるべきことをできなかった後悔で、さらに次のやるべきことにも手を付けられなくなったりする。つまり、何かをするだけでなく何かを「やらない」ことで意志力が減ることもある。

意志力は「感情」が左右する

ぼくはこの「何かをやらない」ことで失われるものは「感情」、その中でも特に「自己肯定感」だと思っている。暴飲暴食をすれば血糖値は回復するが、後悔してしまう。自分が決めた習慣を達成できなかった時も同じで、自己否定感が生まれる。「感情」「自己肯定感」をキーワードに考えればいろんな謎が解ける。マラソンでは、沿道で応援してくれる人たちとハイタッチをしたりする。後半になって膝が痛み「もう限界だ」と思っていても、健気（けなげ）に応援してくれる子どもとハイタッチをすれば、もう少しだけがんばろうと思える。誰かが自分を応援してくれているという肯定感から意志力が生まれるのだろう。

先ほどあげたレモネード・テストにはこんなバリエーションもある。レモネードを飲ませるのではなく、口に含んですぐに吐き出させた時も意志力が回復した。口に含んだだけのレモネードもおそらくハイタッチと同じようなものなのだろう。それでエネルギーや糖分が補給されるわけではない。ただちょっとしたごほうびに感じて「嬉しい気持ち」になったのだ。

不安が意志力を減らす

レモネードを口に含むことや、ハイタッチをすることで生まれた喜びの感情は意志力を回復させる。反対に意志力を消耗させるマイナスの感情が「自己否定感」や「不安」だ。

自分が決めたやるべき習慣ができないと、自己否定感や不安が生まれる。そして意志力が失われるので、なおさら次の課題に取り組めなくなるという悪循環にハマってしまう。

これを裏付ける「セロトニン」を使った実験がある。セロトニンは、交感神経と副交感神経のバランスを整え、心を安定した状態に保つ働きがある。それがうまく働いていないと人は不安を感じる。実際にうつ病患者の脳内ではこのセロトニンが不活性になっていることが知られている。
人の脳のセロトニンを一時的に増減させた実験によると、セロトニンが少ない時は、目の前の報酬を取ろうとし、セロトニンが多いと将来の報酬を待とうとしたという［★1―2］。セロトニンが少ない状態＝不安があると、意志力が失われ好ましい習慣の達成が阻まれるということだ。

消耗するのは意志力ではなく感情

ラディッシュ・テストもこうした「感情」や「自己肯定感」の面から見ると違うふうに見ることができる。目の前に甘い匂いのするチョコチップクッキーがあるのに「それはあなたが食べていいものではない」と言われる。そんなことを言われたら自分が尊重されていないように感じたり、単に悲しくなってしまわないだろうか？　ラディッシュ・テストで損なわれたのは、意志力ではなく、こういった「自己肯定感」ではないだろうか？

仕事が忙しい時には、コンビニで買ったもので食事を簡単に済ませることもあるだろう。面倒な料理はしなかったのだから意志力は温存されたはずだが、なんとなく物悲しい感じがする。それは味や栄養だけの問題でなく、自分で自分を丁重に扱えていないと感じるからではないだろうか。女性がネイルを塗ったり熱心に美容に励むのは、意志力が必要なめんどくさい行為のはずだが、自分をケアすることで自己肯定感を増しているのだと思う。

ぼくが「忙しい時ほど片づけをする」ことを心がけているのもそうだ。忙しいと部屋は荒れていくものだが、それは人が「今はそんなことをしてる暇はない！」とつい考えてしまうから。しかし、実際には片づけをしてからのほうが、忙しいタスクにも効果的に取り組めると感じている。片づけの達成感で意志力が増すのだろう。

楽しい気分ならマシュマロも待てる

マシュマロ・テストも受けた時の「感情」で結果が変わる。「何か楽しいことを考えながら待つように」と指示された子どもは3倍近く待てるようになった。逆に悲しいことを考えながら待つように指示されると、子どもたちは待てなくなってしまった。

心理学者のティム・エドワード＝ハートが行ったこんな実験もある。2つのグループを作り、作業をする前に映画を見せた［★1―3］。

Ⓐ楽しい映画を見せる

Ⓑ 悲しい映画を見せる

Ⓐのグループは Ⓑのグループより20％以上も作業効率がアップしたという。映画会社のピクサーに滑り台があったり、グーグルのオフィスがカラフルでおもちゃに溢れ、まるで大人の保育園のようなのは、どうやら伊達（だて）ではないようだ。

ホットなシステムとクールなシステム

何かが「できない」ことで、不安やネガティブな感情が生まれ、さらに続く課題のやる気も起こらなくなる。なぜこんなえげつない悪循環が待ち受けているのか？　その理解をするには、人の脳を少々覗いてみる必要がある。脳は古く原始的な部分を、進化によって生まれた新しい部分が順に包んでいく玉ねぎのような構造になっている。そして多くの研究者たちは、脳には2つのシステムがあると考えている。

❶本能的。反射的でスピードが早い。感情や直感で判断するシステム。「古い脳」である、大脳辺縁系、線条体や扁桃体が担当する

❷理性的。反応スピードは遅く、意識しないと働かない。考えたり、想像したり、

脳にある2つの情報システム

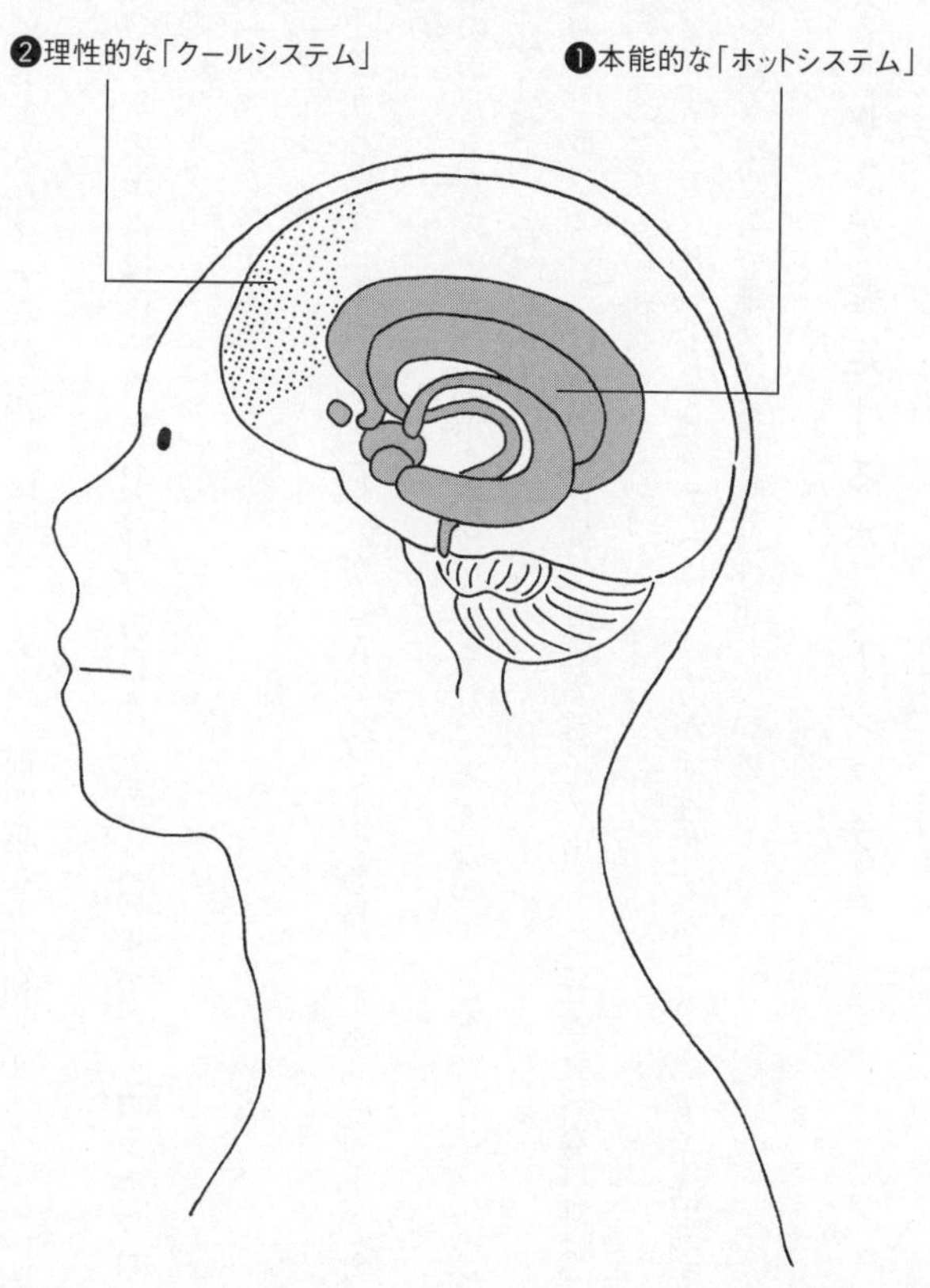

計画できるシステム。「新しい脳」である、前頭葉などが担当する

2つのシステムにはいろいろな呼び方はあるが、この本では「マシュマロ・テスト」のウォルター・ミシェルにならって、

❶を「ホットシステム」
❷を「クールシステム」

と呼ぼうと思う。少しややこしいがこんなイメージを持ってもらえばわかりやすいと思う。

❶のホットシステムは感情や欲望に駆られて熱くなっているイメージ（やった！マシュマロだ！　食べちゃえ！）

❷のクールシステムは冷静に分析し対処するイメージ（これを食べなければ、後でさらに大きなごほうびが得られるというわけか……）

ホットシステムとクールシステムは、一方が活性化するともう一方が活動を弱め、互いを補うかたちで絶え間なく相互作用している。

ストレスで暴走するホットシステム

不安を感じたり、ネガティブな感情を感じると、本能的なホットシステムが活性化する。

先にも書いたように、ぼくたちの身体の仕組みができあがったのは大昔のことだ。この頃のストレスの原因は、食べ物にありつけるかどうかという不安がほとんどだったに違いない。だからストレスを感じれば、とにかく目の前の食べ物を食べたり、休んだり、サボったりすることが有効な対処法になったはずだ。

しかし現代では、少々の仕事のストレスを感じたからと言って、食べ物にありつけないような危機的な状態にはならない。なのにストレスに反応して取る戦略だけは昔と変わらず残っている。

そうなったら本能の出番だ。カロリーをより多く取ったり、嫌なことから逃げて目の前の報酬を取ることが合理的になってくる。暴飲暴食をしてしまったり、次の課題に手をつけられなくなってしまうのはこんなふうに説明できる。

クールシステムによる冷却

クールシステムにはホットシステムの暴走を抑える役割がある。

例をあげよう。雨の日に歩道を歩いていて、猛スピードで走る車から水しぶきを浴びせられたとする。誰だってムッとしたり、声を荒らげて怒ったりするに違いない。ホットシステムによる反応だ。しかしそれはクールシステムが担当する「認知」で抑えることができる。認知というのは現実をありのままではなく、少し違って見てみることだ。

「もしかしたら、妊婦が急に産気づいて病院まで急いでいるのかもしれないな」。無礼な車もこう思えば、怒りも収まってくる。このことをウォルター・ミシェルはクールシステムによるホットシステムの「冷却」と呼んでいる。クールシステムとホットシステムが相互作用するというのはこういう意味だ。

意志力は生まれつきの才能？

これでマシュマロ・テストにまつわる1つめの疑問「意志力はどのように働くか？」という問題はおおまかに把握できたように思う。ポイントは、意志力は単に何かをすれば減るものではなく、行為の結果ポジティブな感情や自己肯定感を得ることができれば、増えることもあるということだ。

マシュマロ・テストで最も気になるのはやはり2つめの疑問だ。テストの結果で、その後の成績や、健康状態まで予測できたことからすると、意志力は4～5歳ですでに決まってしまっているものなのだろうか？　という疑問だ。

ウォルター・ミシェルによれば、マシュマロ・テストで20分待つことができ、2個のマシュマロを手にできた子どもたちのほとんどは、その後何十年にもわたって優れた意志力を発揮したという。しかしそれは「ほとんど」であり、その能力が低下した人もいた。そしてマシュマロをすぐに食べてしまった子どもの中にも、成長するにつれて自分をコントロールできるようになった人もいるという。希望の見える話だ。

環境を変えると意志力も変わる

まず押さえておきたいのは、マシュマロ・テストは条件を変えると、結果が著しく変わったということだ。

●本物のマシュマロを置くのではなく、プロジェクターでマシュマロを映し出した時、約2倍の時間待てるようになった
●マシュマロをトレイで隠すと、待てなかった子どもも約10倍長く待てるようになった

要するに目の前から本物のマシュマロを取り去っただけで、子どもたちはより長く待てるようになったのである。元々の実験でしっかり待てた子どもたちは、待っている間、歌を歌ったり、変顔をしたり、ピアノを弾く真似をしたり、目を閉じて眠ったりしていた。目の前にマシュマロがあっても、誘惑からうまく気をそらす方法を知っていたわけだ。反対に、目の前のマシュマロをずっと見続けた子どもは大抵失敗した。

誘惑された回数の問題ではないか？

では、こんなふうに考えられないだろうか？　マシュマロ・テストで待てなかった子どもたちは、持っている意志力が弱かったからではなく、マシュマロに誘惑された「回数」が単に多かっただけではないか、と。

マシュマロを待てずにすぐ食べてしまった子どもは、ずっとそれを眺めていた。待っている間中、何度も何度も甘くてもっちりしたマシュマロの味を想像し、誘惑されてしまったはずだ。

実際「マシュマロのことを考えながら待つように」と指示された子どもたちは、短い時間しか待てなかった。

ドーパミンが悪さをする

マシュマロを見続けると、失敗する。これは神経伝達物質のドーパミンが、ある意味で「悪さ」をしているからだと言える。

ドーパミンといえば、快感を感じた時に放出される神経伝達物質だというのが一般的な理解だろう。美味しい食べ物を食べたり、お金を得たり、好きな相手とセックスすると放出される。だからその報酬を求めて人は行動する、そんなふうに説明される。

しかし、ドーパミンの働きはもう少し複雑だ。

神経学者のヴォルフラム・シュルツは猿にさまざまな報酬を与えて実験をした。猿の舌にフルーツジュースを1滴垂らすと、ドーパミンが集中する線条体が急激に発火した（グレゴリー・バーンズ『脳が「生きがい」を感じるとき』野中香方子訳、NHK出版）。

しかし、ジュースを与える前に電球などでサインを見せるようにすると、ドーパミンはジュースではなく、電球の明かりに反応するようになった。行為自体ではなく、その「予兆」にドーパミンが反応するようになったということだ。

これは人でも同じで、いろんな例にあてはまると思う。

ＬＩＮＥやＳＮＳで興奮するのはメッセージの内容を確かめている時ではなく、アプリ上に赤い印の通知が来た時ではないだろうか？
ビール自体ではなく、「プシュ！」という缶を開ける音や、トクトクとグラスに注ぐ音を聞くだけで誘惑され、飲みたい気分にならないだろうか？

ドーパミンに関しては、こんな実験もある。ラットにドーパミンを遮断する薬物を与えると、どれだけ美味しい餌があってもラットは食べようとせず餓死してしまう。ドーパミンが遮断されてしまえば、「欲しい」という欲求自体が起こらなくなるので、いくらお腹が空いていて、美味しいものが目の前にあってもラットは食べようとしなかった［★1―4］。

ドーパミンはこんなふうに何かを「欲しい」と思わせ、行動に向かわせる動機づけとして働く。欲しいと思うから行動するわけで、ドーパミンが事前に働かなければ「欲しい」とすら思わなくなり、当然行動もしなくなってしまう。

「認知」は後から学べるスキル

目の前のマシュマロを我慢できずに食べてしまった子どもたちは当然、前にもマシュマロを食べたことがあるはずだ。だから目の前に置かれたマシュマロを見ただけで、噛んだ時のもっちり感や甘味が想像でき、すでにマシュマロを食べたときのような感

マシュマロを「雲」だと思うと、2倍待てるようになった。

覚が脳内で再生される。ドーパミンが働き「食べたい」という欲求が生まれ、行動に駆り立てられる。そんな誘惑に何度もさらされていれば、いずれ我慢ができなくなってしまうのも無理はない。

だからマシュマロを我慢するためには、そもそも誘惑されなければいい。マシュマロがプロジェクターで投影された偽物だったり、トレイで隠されていたときに子どもが待てたのは、ドーパミンの動機づけの働きが弱まったからだろう。本物のマシュマロが置かれてしまっているときには、目の前の現実をどう捉えるかというクールシステムの「認知」の力が次のように役に立った。

●マシュマロを「丸くふっくらした雲」だ

と思うようにアドバイスすると2倍待つことができた
●マシュマロを「本物ではない」と思うようにアドバイスすると平均18分待てるようになった

目の前にあるマシュマロの捉え方を「ただの雲だ、偽物だ」と変えるだけで、子どもたちは待てるようになったのである。こちらもドーパミンの動機づけの働き自体が弱まり、そもそも誘惑される回数が減ったに違いない。

元々の実験で待てた子どもたちは、何も教えられていないのに、マシュマロからうまく気をそらせることができた。クールシステムの認知力も、もしかしたら優れていたのかもしれない。

しかしこの認知はそのコツ（マシュマロを本物ではないとか丸い雲だと考えること）を教えることで他の子供たちも実践できるようになった。それは後から学べるスキルだということだ。

鍛えられるものがあるとしたら、意志力などという曖昧なものではなくこの認知の力だとぼくは考える。

意志力が強い人＝そもそも誘惑されていない

目の前の報酬から誘惑される時、それを断つ強靭な意志に頼ったり、それを身につけようとすることではなく、そもそも誘惑されない状態にすること、誘惑される回数を減らすことがやはり大切なようだ。

これを裏付けるのはドイツで行われた実験だ。この実験で「人は1日にどれぐらい欲望に誘惑されているのか？」ということが調べられた。200人以上の被験者はポケベルを身につけさせられ、それが1日7回、無作為に鳴らされる。そしてポケベルが鳴った瞬間や少し前に、どういった欲望を感じていたか報告してもらった。その結果、人は1日に4時間はなんらかの誘惑に抗っていることが示唆された（ロイ・バウマイスター、ジョン・ティアニー『WILLPOWER 意志力の科学』）。もっと寝たいけど、そろそろ起きなきゃ、遊びに行きたいけど仕事しなきゃ、美味しそうだけど我慢しなきゃ。目の前のマシュマロを食べたい！　というのと同じような誘惑に人は1日のかなりの時間さらされているということだ。

この実験でわかったのは、意志力が強いと思われていた人は、誘惑に抵抗している時間がそもそも短かったということだ。誘惑を何度も断ち切れるような強い意志力を持っていたわけではなく、やはりそもそも誘惑されている時間や回数が少なかった。

悩む＝意識が呼び出されること

ポケベルが鳴った時に、自分が感じている葛藤を報告できるということは、つまり明確に「意識」した上でその問題をどちらにしようか悩んでいるということである。

ぼくがマラソンを走っている時、順調な時は「意識」を使わずに走れる。元マラソンランナーの藤原新さんなどは「30㎞までは寝ています」と言っていたそうだ。おそらく瞑想のような状態なのだろう。

しかし、走っている時に膝が痛くなってくるとそうはいかない。ぼくがマラソンを走っている時はこんな感じになる。

「あと何㎞だ？　まだ10㎞もあるのか……」「もうリタイヤしようか？」「あと何㎞？わ、さっきから500ｍしか進んでない」などと意識が呼び出される機会が多い。苦しくなってからの体感時間が長く感じるのは、時間を意識する回数が多いからだ。

ぼくはこの本を図書館で書いているのだが、うまく書けている時は夢中になり時間を忘れる。いわゆる「フロー」という状態だ。

しかし論理がつながらなかったり原稿を書くのにつまると、ハッと我に返ったり書くのをやめたいと考えはじめる。その回数をアプリで数えていたことがあるのだが、それがだいたい10回ぐらいに達すると、いよいよ我慢ができなくなり図書館から退出してしまう。意識が何度も呼び出されると、そのうちに苦しいことをやめるという、目の前の報酬に飛びついてしまう。

習慣＝ほとんど考えずにする行動

目の前の報酬に誘惑されるということは、その度に意識を呼び出しコイントスをしているようなものだと思う。マシュマロ・テストで言えば、投げるコインの表には「マシュマロを食べずに待つ」、裏には「マシュマロを食べてしまう」と書かれてある。運がよければ何度かは待てるだろう。しかしコイントスをする回数が多ければ多いほど、いつかは裏が出て自分も望んでもいない行為をしてしまうことになる。

マシュマロを待てなかったのは、意志力が弱かったからではない。単にコインを投げる回数が多かったせいだ。すると対策は、コインを投げない＝意識を呼び出さないことになるのではないだろうか？

意識というのは呼び出されている時点で、「悩むべき問題」が目の前にあるということだ。

たとえば100円もらうか、1000円もらうかを悩むべき問題だと考える人はいないだろう。意識など使わずとも即決することができる。人が悩むのは同じような価値を目の前にして、どちらにより価値があるのか考える時だ。今日リンゴを1個もらうか、明日リンゴを2個もらうか。目の前のマシュマロを食べてしまうかどうしようか。そういう時に意識が呼び出され、あれこれ悩む。

意識を呼び出さず、「ほとんど考えずにする行動」。ぼくはこれが習慣だと思っている。ではそのあれこれ悩む時に呼び出される「意識」とは何なのか？　どうやったら人は意識を使わずに行動し、習慣にすることができるようになっていくのか？　続く2章で詳しく検証してみよう。

1章のまとめ

●人には目の前の報酬ほど大きく感じ、将来にある報酬や罰則は少なく見積もってしまうという「双曲割引（そうきょくわりびき）」という性質がある。だから、好ましい習慣を身につけるのが難しい

●マシュマロ・テストで、目の前のマシュマロを食べずに、20分待って2個のマシュマロを得た子どもは、成人後、成績や人望に至るまであらゆる能力が高かった

●意志力は、単純に何かすれば減るものではない

●意志力は感情に左右され、不安や、自己否定感によって失われる。意志力が必要な行動を取っても、自己肯定感を感じられれば意志力は減らず増えることもある

●人の脳には理性的なクールシステムと、感情的なホットシステムがあり、相互作用している

●クールシステムの「認知力」でマシュマロを雲だと思うなど、目の前のできごとを違ったふうに見ると、ホットシステムが抑えられる

●意志力が「強い」と思われていた人はそもそも誘惑されている「意識」すらなかった

●意識が呼び出されている時点で、どちらの報酬がより大きいのか、悩むべき問題になってしまっている

●習慣とは「ほとんど考えずにする行動」のこと。習慣にするには、意識自体の出番を減らす必要がある

2章

習慣とは何か？

WHAT ARE HABITS?

習慣とはほとんど考えずにする行動

何事も習慣化されておらず、絶えず優柔不断に悩まされる人ほどみじめな人間はいない。そんな人にとっては、1本のタバコに火を点けることも、1杯のお茶を飲むことも、毎日起きたり寝たりする時間も、ちょっとした仕事を始めることにも、はっきりとした意志が必要である。そういう人は、大半の時間を決断もしくは後悔に費やす。

――ウィリアム・ジェームズ（『心理学』今田寛訳、岩波書店）

1章の最後で習慣とは「ほとんど考えずにする行動」のことだと書いた。何かが習慣になっている状態というのは、意識をほぼ使わず、限りなく無意識の行動に近いとぼくは考えている。その状態ではそれをするかどうかという「悩み」や「決断」、どんな方法を取ろうかという「選択」がそこにはない。悩み、選択、決断、それらはすべて意識でする問題だからだ。

デューク大学の研究によると、ぼくたちの行動のうち45％はその場の決定ではなく、習慣だそうだ［★2―1］。こういうといきなり疑問が出てくる。ぼくたちは、お昼ごはんにカレーとラーメンのどちらを食べるとか、休みの日にどの映画を見るとか、あらゆる行動を自分の意識で考えたうえで選び、決めているはずだ。習慣が「ほとんど考えずにする行動」だとすると、45％なんてちょっとその割合が多すぎる気もする。しかし、どこのお店に入るか悩むことはあっても、居酒屋に入って「とりあえずビール」と注文することを真剣に悩んで決めているだろうか？

朝起きてからの習慣

朝起きてからの行動を考えてもいいかもしれない。ベッドから起き上がり、トイレに行き、シャワーを浴びる。朝食を食べて、歯磨きをしたら、服を着替え、靴紐を結んで出かける。

その人ならではのやり方が決まっていて、朝起きてからの行動は、まるで儀式のように流れで行われるのではないだろうか？

歯磨きをする時に歯磨き粉の量はどれぐらいにしようだとか、どの歯から磨こうかとか、靴紐を「さて、今日はどんなふうに結んでやろうか！」などとは普通考えない。意識を使わずにできるのだから、この朝の儀式を難しいとか努力だと思っている人も少ないはずだ。ほとんどの大人にとって、これらは習慣になっていると言える。

しかし、幼い子どもにとって、朝起きてからの一連の行動は努力の塊である。トイレも1人では行けず、歯を磨くのも、服のボタンを留めるのも、靴紐を結ぶにも、いちいち壁が立ちはだかり、それを乗り越えるためにとんでもない意志力がいる。出かける準備をする前に意志力を使い果たし、ふて寝してしまうかもしれない。しかし、それを何度も何度も繰り返すうちに、自動的にこなせるようになってくる。大人からすれば、朝の儀式はほとんど無意識的な動作になっているので「なぜそれが難しいのか」よくわからなくなっている。

スマホのフリック入力を説明できるか？

大人になってからも、もちろん学ばなければいけないことはある。ぼくは2017年に、免許を取ってから18年ぶりに車の運転を再開した。最初はただ発進するだけでも、シートベルトをし、ブレーキを踏んで、キーを回し、サイドブレーキを戻し、ギアをPからDに変えて……とひとつひとつ手順を頭の中で唱えながら確認していた。今はさらに複雑なマニュアル車に乗っているが、もはや何も考えずとも勝手に手や足が動いていて、こうして手順を説明するのも難しい。

運転に慣れていなかった頃は、それだけに意識を集中させる必要があったので、音楽を聴きながら運転している人を見ると、とんでもない神業を見ているような気分になった。しかしぼくも今や、意識は英語のリスニング教材に主に向けながら、運転は無意識でできる。

車に乗らない方でも、自転車に乗る方なら、どうやってペダルを漕ぐかという手順や身体のバランスを保つコツを誰かに説明することが難しいのがわかるのではないだろうか？　スマホのフリック入力に慣れている方は、「ぬ」や「ー」をどうやって入力するか手を動かさずに頭の中だけで説明できるだろうか？

料理や運転をする夢遊病の患者

子どもの頃は、卵を割るのも恐る恐るで、とんでもなく貴重なものを扱うようで緊張した記憶がある。人生でいちばん最初に目玉焼きを作ったときは相当に意識を働かせていたと思う。油の量はどうか、どれぐらいの火加減にするのか。しかし今、目玉焼きやゆで卵の「レシピ」を検索して作ることはもうなく、ほぼ自動的に手が動いている。

ぼくの母親は多彩な料理を作るし、ご飯を食べている最中にご近所からの差し入れがあれば、すぐさまそれが調理されて出てくる。クックパッドなどでレシピを見ることもなく、調味料を量ることもない。食材を見ると何を作ろうかすぐ思い浮かぶそうだ。そして母親は料理をすることを「めんどくさい」と思ったことがないと言う。「めんどくさい」と思うのはその手順を思案しているからで、意識が働いている証拠だ。ぼくの母親は、ほとんど考えずに料理ができるので「めんどくさい」とは思わないのだろう。

夢遊病の患者は、深いノンレム睡眠の際、本人の意識がないうちに料理をしたり、運転をすることがあるという（『ニュートン』2012年5月号、ニュートンプレス）。そしてその行為が終わってもそれを覚えていない。その時、脳の行動を監視する部分は眠っているが、複雑な行動を司る部分は働いている。要するに「意識」なんかなくても複雑な行動を人は取れるのだ。

アリにも意識はないはずだが、穴を掘り、土を運びいつでも懸命に働いている。アリにビジネス書は必要ない。モチベーションや、やる気などに頼らなくてもアリは働くことができる。

意識とは「新聞」のようなものである

人は意識はなくとも複雑な行動を取ることができる。一方ぼくたちが普段「自分」だと考えているものは意識である。今日何を食べようかと考えたり、目の前の景色を

人の意識は「新聞」のようなもの

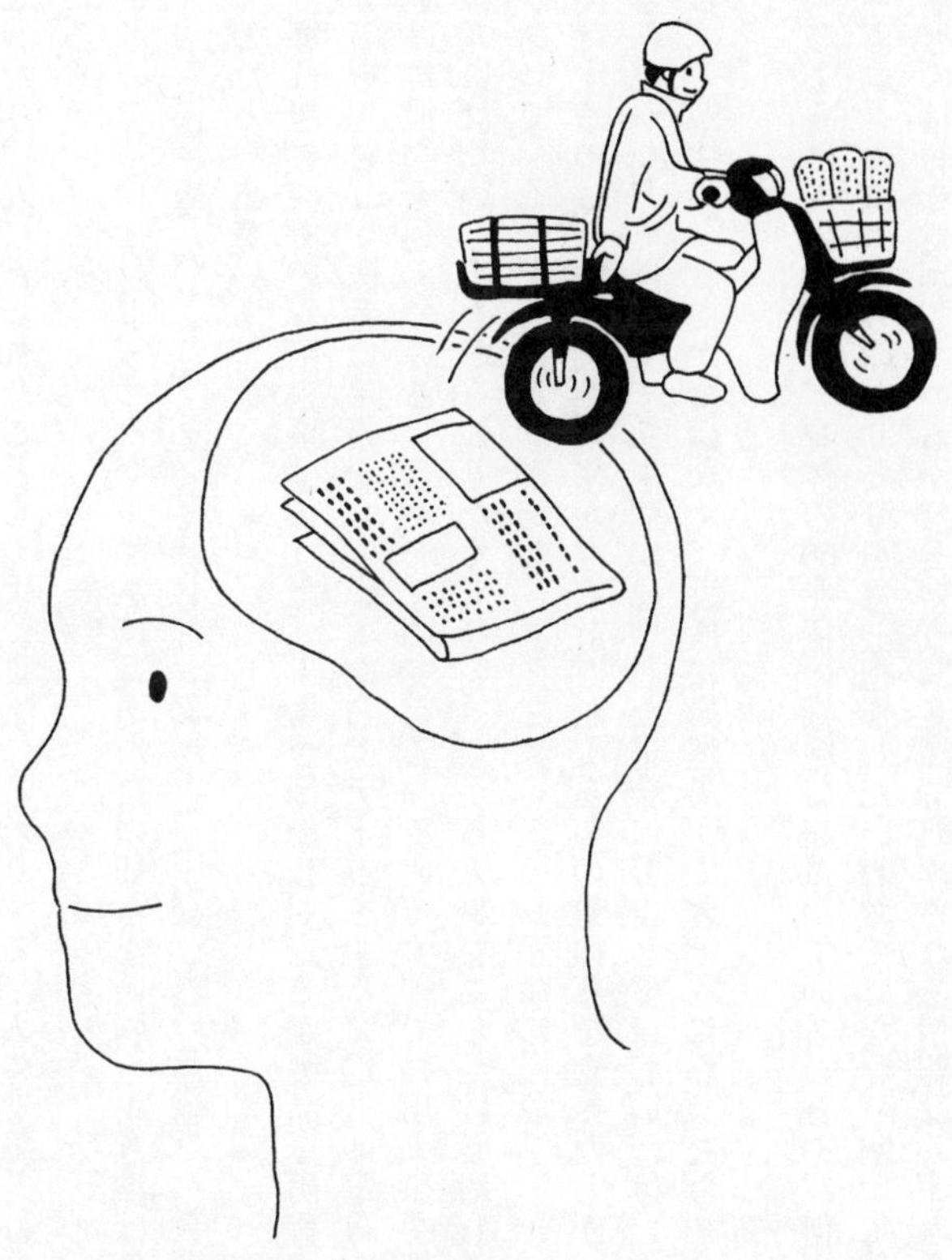

美しいと思ったり、人に言われたことをくよくよ気にしたりする。人の意識とは一体なんなのだろう？

神経科学者のデイヴィッド・イーグルマンは『あなたの知らない脳——意識は傍観者である』（大田直子訳、ハヤカワ・ノンフィクション文庫）の中で、人の意識を「新聞」のようなものだと喩えている。

ある国で毎日起こっている出来事はこうだ。工場が稼働し、企業が製品を出荷する。警察は犯罪者を追跡し、医者は手術をし、恋人たちはデートをする。電気は電線を流れ、下水道は排泄物を運んでいる。しかし、国で起こっているすべての出来事を把握する能力は人にはないしそもそも知りたくもない。だから大事なことだけ要約してもらう必要があって、そのために新聞がある。

新聞に期待するのは、昨日国中の牛が、合計どれぐらいの量の草を食べたとか、何千頭出荷されたかなどではなく、狂牛病が急増した場合に警告してほしいだけだ。昨日何トンのゴミが捨てられたかではなく、近所に処理場ができそうになったら知りたいだけだ。

それと同じように人の意識は、身体の60兆個の細胞で起こっていることや、何十億もあるニューロンの電気信号のやりとりを逐一把握したいわけではない。脳は毎秒、4億ビットもの情報を処理しているが、そのうち意識で処理される情報はわずか20

00ビットなのだそうだ。脳の神経回路は、無意識という舞台裏で新聞記者のように膨大な情報をかき集めている。そしてその要約だけが新聞のように意識に配達されている。

今朝、左右どちらの靴から履いた？

何も問題がなくいつもの行動を繰り返している時に意識は呼び出されない。足を組む、猫背などの癖を直すのが難しいのは、それがほとんど意識せずに行われているからだ。

今朝出かける時、自分が左右どちらの靴から履いたか明確に覚えている人は少ないはずだ。なぜなら「左右どちらから靴を履こうか」という問題が意識で決定されておらず、大抵無意識で決まっているから。

脳科学者の池谷裕二さんはおもしろい例をあげている。鼻は視界にいつも見えているのに、自分の鼻を邪魔には感じない、それは無意識に視野にある鼻を消しているから（池谷裕二『脳はなにかと言い訳する——人は幸せになるようにできていた!?』新潮文庫）。確かに鼻はいつでも視界の中にあって、意識して見ようと思えば見ることができる。しかし、それは新聞に載せなければいけないような目新しいニュースではないのだ。

意識が呼び出される時

では意識が呼び出される時の状況を考えてみる。人が歩く時のことを考えてみよう。人には、200以上の骨と関節、400の骨格筋があり、人が歩く時にはそれぞれの部位が緻密な連携プレーを行っている。ロボットを歩かせるのが難しいのは、それぞれの部位の力や角度、そして路面状況に合わせた足裏からのフィードバックなどのすべてをプログラムして、教える必要があるからだ。

人は本来こんなにも複雑な行為に意識を使わずに、ごきげんでふんふんと散歩をすることができる。そんな時も柔らかい何かを踏めば意識が呼び出される。

「グニュ？　何を踏んだんだ？　ヤバ‼」

お腹が痛い時の新聞

授業中お腹が痛くなった経験は誰でもあるだろう。普段は寝ていたり、落書きをしたりして上の空で過ごせる授業中も、お腹が痛くなれば一気に様相が変わる。その時、新聞の見出しは、こんなふうに変わりつつ意識に届けられる。

「お腹に違和感。腹痛の可能性あり」

「腹痛と断定。原因は昨日の食べ過ぎか？」

「授業終了まで30分　どうなる腹痛問題」

「腹痛に小康状態訪れる　ひとときの平和へ」

届けられる新聞の数が多い＝意識が頻繁に呼び出されるので、授業には集中できず、いつもと同じ時間がとんでもなく長く感じる。事件が発生した時だけ新聞の見出しになるのと同じで、いつもと違う出来事があった時だけ意識は呼び出される。

人に自由意志などあるのか？

自分が自由であると思う〈すなわち、彼らが自由意志によってあることをなしたり、またしなかったりすることができると思う〉人がいるとすれば、その人は誤っている。このような意見を述べることは、ただ、彼らが自分の行動を意識し、自分がそれへと決定される諸原因を知らないからである。

——スピノザ（『エティカ』工藤喜作／斎藤博訳、中公クラシックス）

意識は、確かにものごとを考えたり、行動を決定するリーダーだ。しかし、ほとんどの行動はリーダーの指示ではなく、ふだんは一般の人々が自発的に行動をしている。何か作業をしていて、疲れを感じた時、「よし、組んだ手のひらを上に挙げて伸びをするぞ」などと意識せずとも伸びをしているものだ。「伸びをしよう」と決めたのはリーダーではない。

この「人の意識」というリーダーの頼りなさについて、有名な実験がある。1980年代に行われたベンジャミン・リベットによる実験である［★2—2］。実験を受ける人は、自分の自由なタイミングで指（または手首）を動かした。そしてその時の脳の活動を記録した。

❶その人が自らの意志で指を動かそうと思った時刻
❷脳で運動の指令信号が発生した時刻
❸実際に指が動いた時刻

実験の結果はなんと❷→❶→❸の順番になったという。運動の指令信号は、被験者が意志決定した（と思っている）時刻の約0・35秒前に発生していた。本人が指を動かそうと決定する以前に、脳は指を動かす準備を始めていたということだ。

この実験は、人の自由意志を否定する可能性もあるということで、大変な話題となった。しかしまったくのゼロから行動が生まれるわけではなく、行動に先立ってなんらかの脳の活動がまずあるというのは理解できる。

鼻歌を選曲するＤＪは誰なのか？

たとえば鼻歌を歌うこともそうではないだろうか？　鼻歌はジュークボックスやカラオケで選曲する行為とは違う。ジュークボックスならば、そこにある曲から気に入ったものを自分の意識で選択する。しかし、鼻歌が自然と出てくる時に「どの歌を歌おうかな？」と思って歌う人はほとんどいないはずだ。

ぼくの鼻歌は、まったく歌いたくもない、さっき立ち寄ったスーパーのどうでもいいテーマソングだったりする。それは、ぼくの意識できない場所にいるＤＪが選んできた選曲なのだ。スピノザが言うように自分がその行為をしていることはわかっても、その原因まではわからない。

腸のことを考えてみてもいいかもしれない。人の腸には1億を超える神経細胞があり、脳とは迷走神経を通してつながっている。しかし、それがたとえ切断されたとしても、腸は独立して判断をくだすことができるという。そうして腸は「第2の脳」と呼ばれたりするが、腸が自分のサブリーダーなどと普段意識しているだろうか？

人の行動は議会制で決まる

人の行動というものは、普段「自分」だと思っている意識だけで決められるもの、専制君主制で決められるものではないようだ。言ってみればそれは議会制のようなものであり、国会での投票のような形で決まる。

たとえば早起きを習慣にする時のことを例にあげてみよう。「明日からこの時間に起きよう」と勇んで決めた時間にアラームが鳴る。国会開催の合図だ。

身体のさまざまな地域から政治家たちが集まり、国会が開かれる。目を覚ましたが腰が少々痛い。だから「腰」県から選出されてきた政治家は「まだ休む」と声が荒い。昨日は飲み会で食べすぎた。「腸」府からやって来た政治家は「ゆっくり消化させろ」と要求する。

採決が行われることになったが「まだ寝る」が賛成多数となり可決。スヌーズボタンが押され、あと5分寝ることになる。5分ごとに採決が繰り返されると「さすがにそろそろ起きなきゃマズイのでは?」「我々はまた自己嫌悪を繰り返すのか?」というまっとうな意見が段々勢力を伸ばしてくる。そうしてぐずりながらも、ようやくベッドから起き上がる。

習慣になっている状態とは

習慣になっている状態では、多少の反対意見があっても「すぐ起きる」ことが賛成多数で短い間に可決される。

大事なのは、この状態でもまったく国会が開かれないわけではないし、反対意見が全然出てこなくなるわけではないということ。ぼくも睡眠時間はしっかり確保しているが、すっきりと目覚められる時と、そうでない時はもちろんある。

しかし、起きたくない時は毎回必ず「そろそろ疲れがたまってきているのかもしれないな」と同じことを思う。あまりにも毎回思うので、もはや自分から出てくる意見でも信用しなくなった。

そして早起きができなければ続いての習慣もできず、確実に自分が凹むことがわかっている。そして起きてヨガさえすれば、多少眠くても5分後にはパッチリ目が覚めることも知っている。それを何度も何度も繰り返しているので結論はほぼ固まっている。だから議論したり、何度も採決を繰り返さずに済むというわけだ。

ぼくたちは、ぼくたちの王様ではない

今まで見てきたように、人が取る行動には意識が関わっていないことが多い。しかし、すべきことをしなかった時、問題の責任を負わされるのは意識である。ダイエットができないのも、禁酒や禁煙ができないのも、仕事を先延ばしにするのも、その人の意識の問題で、「意志が弱いせい」だと簡単にまとめられてしまう。

しかしそれは、はっきり言って意識や意志力というものへの過信だ。意志が強い、意志が弱いという理由付けがされる前提には、自分の意識が自分の行動を大きくコントロールしているという誤解がある。

まず肝に銘じるべきは、意識や意志が行為の原因ではないと知ること。残念ながらぼくたちは、ぼくたちの王様ではない。最初にすべきは、それを認めることだ。

自分を習慣の動物にする

秋になると、リスは冬に備えて餌をたっぷりためておこうとする。しかしリスは「これから冬が来るから、餌をたっぷりためておかないとな」と意識で考えたり、綿

密な計画を立てているわけではない。リスの脳では、目に入る日光が一定の量だけ減少すると、餌を埋めるプログラムが作動するようになっているという［★2―3］。

村上春樹さんは、「自分を習慣の動物にしてしまうこと」と言った（『考える人』2010年夏号、新潮社）。習慣を身につけることとは、自分の動物の部分、無意識が司る部分にアクセスすることだ。変えるべきは自分の意識などではなく、リスにとっての日光の量だ。

続いてどのように行動が、習慣になっていくのかを見てみよう。それはどうやって意識という王様が王座を明け渡していくのかという問題でもある。

習慣が考えずにできるようになる過程

自転車を考えずに乗れるようになるまでは、身体の使い方やコツを学ぶ必要がある。最初は「意識」で身体を操作する必要があるが、そのうち考えずに乗れるようになる。この時、脳の中ではどんな変化が起きているのだろう？

参考になるのは、90年代にMITで行われたラットの実験だ（チャールズ・デュヒッグ『習慣の力 The Power of Habit』渡会圭子、講談社）。ラットの頭には、脳の活動を調べる装置が埋め込まれている。T字路の入り口にラットは置かれ、T字路を左に曲がっ

ラットはチョコレートを探し出すのに最初は試行錯誤する。
しかし何度も繰り返すとラットの脳はどんどん考えなくなっていった。

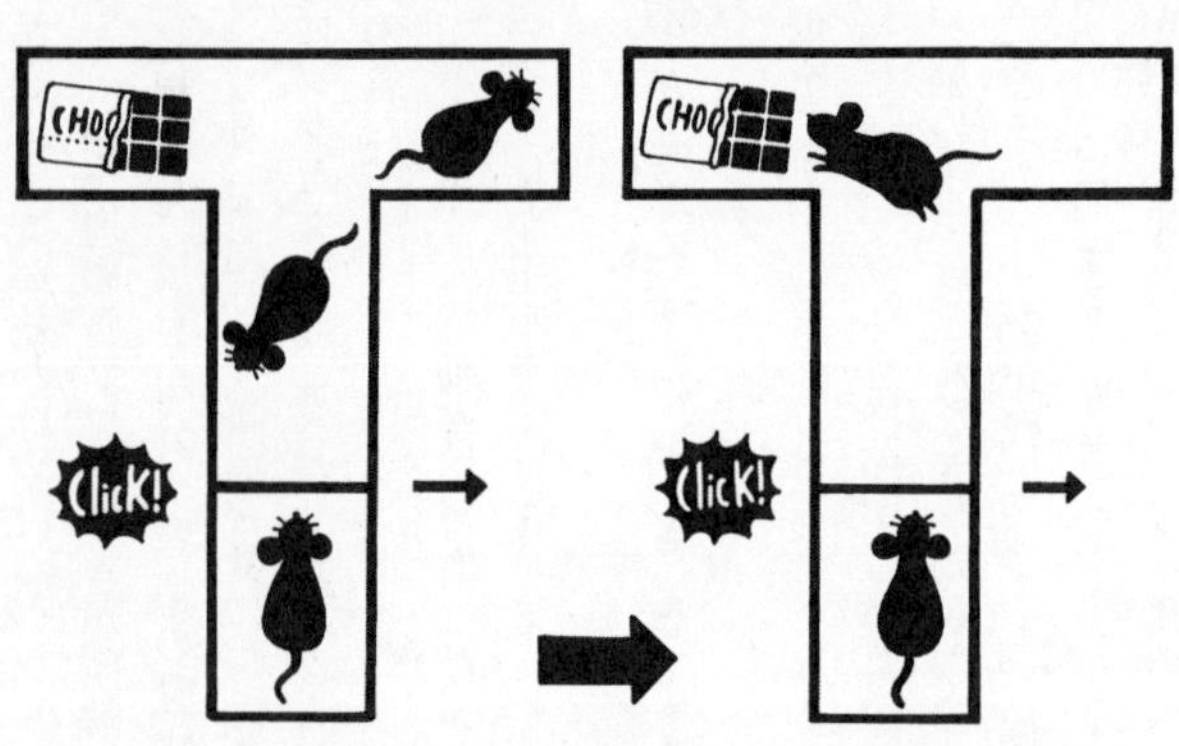

たところに、チョコレートが置いてある。カチッというクリック音を合図に仕切りが取り払われると、ラットは甘い匂いの元を探し出そうとする。最初は行ったり来たりし、T字路を逆に曲がったりして時間がかかってしまう。

この試行錯誤を繰り返している時、脳の基底核と呼ばれる部分が活発に活動している。そして、この実験を何百回も繰り返すとラットは迷わなくなり、ゴールまでの時間も短くなる。チョコレートを探し出すのがとてもうまくなった一方で、ラットの脳の活動は低下し「どんどん考えなくなっていった」。

2、3日すると壁をひっかいたり、匂いを嗅いだりして情報を集めなくなり、1週間すると、記憶に関わる脳の部位も活動を

習慣の3つの要素

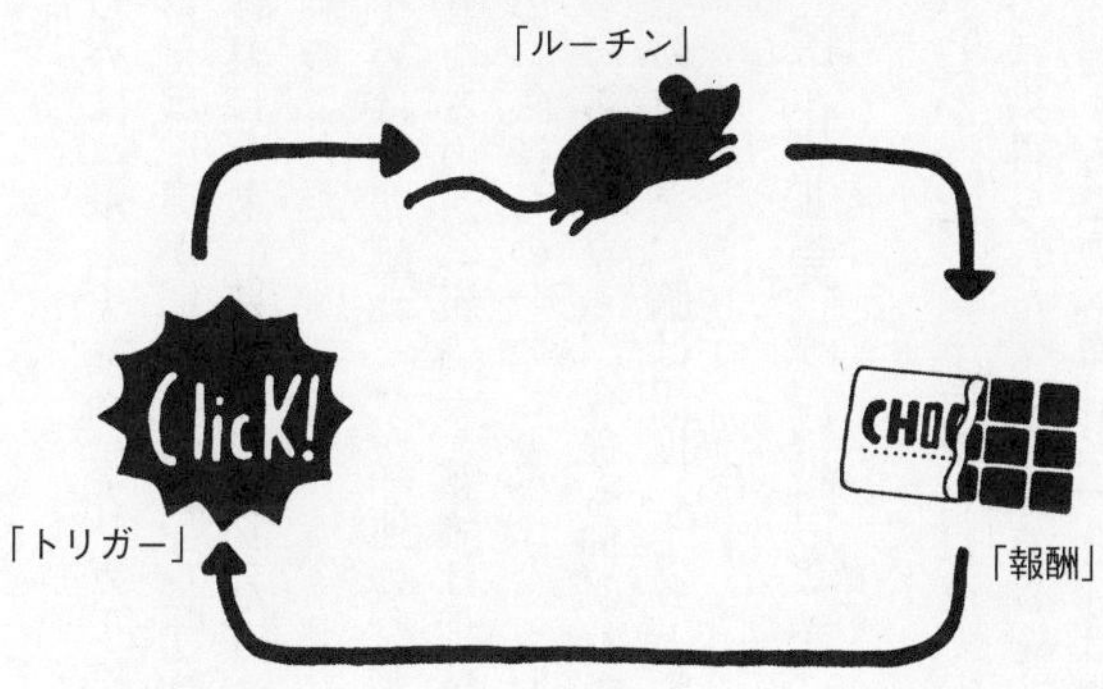

低下させた。ラットは、最終的には考えずにチョコレートまでたどり着けるようになった。ラットにとって、その行動は習慣になったのだ。

習慣の3つの要素

『習慣の力』のチャールズ・デュヒッグによれば習慣は次の3つの要素で成り立っているという。

1つめは「トリガー（きっかけ）」。さきほどの実験のラットの脳の活動を調べると、仕切りが開くクリック音が聞こえた時と、最後にチョコレートを見つけた時に脳が最も活性化していた。トリガーはどの「自動操縦モード」を使うか伝える役割を果たす。ラットにとってはクリック音がそれにあたる。

2つめは「ルーチン」。トリガーによって引き起こされる決まった行動。ラットの例で言えば、扉が開くと迷わずにT字路を左側に曲がりチョコレートを見つけること。試行錯誤した末に見つけ記憶した方法で、そのうちほとんど考えずにできるようになる行動のことだ。

3つめは「報酬」。この一連の行動を保存したほうがいいかどうか、脳が判断する材料となるのが「報酬」。報酬は1章で見たとおり、喜びや楽しさをもたらしてくれるもの、気持ちのいいこと。チョコレートというカロリーたっぷりの美味しい食べ物を見つけられるなら、今後も同じ行動を取ったほうがよさそうだ。だからチョコレートまでの道筋を、脳は記憶しようとする。

習慣化＝実際に脳を変化させること

おいしかったレストランにはまた行くし、まずければ行かなくなる。ぼくたちは、行動の結果得られた楽しさや喜びを、何度でも味わおうとする。ドーパミンを媒介にして作動するこの「報酬系」と呼ばれるシステムは、古い回路でラットも人間も変わらない。そして食事、セックス、仲間との交流など生存に役立つ行動をすると快感を感じることができる。

そしてこの行動と快感の結びつきは、行えば行うほど強化されていく。神経細胞のつなぎ目であるシナプスで、信号を受け取る「スパイン」という出っ張りは、何度も信号を受けると、実際に大きく成長する。

何かを習慣にすることは、講演を聴いたり、短時間のセミナーに参加して「意識を変える」ことなどとはまったく違う。繰り返し何度も実践することによって、実際に脳の神経細胞を書き換えることである。

ヨガと日記の「トリガー」

習慣の3つの要素は「トリガー」「ルーチン」「報酬」。それぞれをもう少し詳しく見てみよう。

まずは「トリガー」。アラームを「トリガー」にして朝起きるのはみなさん同じだろう。ぼくが次にすることはヨガだ。寝る前に床にヨガマットを出しておくので、朝起きるとまずそれが目に入る。それがトリガーとなってヨガが始まる。

朝食を食べたら、コーヒーを淹れる。そのコーヒーを飲むことが、日記を書き始めるトリガーになっている。ある夕方にコーヒーを飲んだとき、なぜか日記が書きたくなったが、コーヒーというトリガーと、日記を書くというルーチンが結びついているからだと思う。

ウィリアム・ジェームズの『心理学』ではこんなエピソードが出てくる。ある退役軍人が食事を両手に持ち運んでいた。別の男が冗談で「気をつけ!」と言うと、その退役軍人は両手を下げて「気をつけ」の姿勢を取ったので、持っていた肉とポテトを落としてしまった。大事なものを手にしていても、習慣のほうが強力に作動したということだ。

天才を作った小さな「トリガー」

小さな「トリガー」から始まって天才が作られることもある。山口真由さんは東京大学法学部を首席で卒業し、財務省の官僚を経て弁護士になり、ハーバード大学のロースクールをオールAで修了した。ニューヨーク州の弁護士資格も取得し、現在、信州大学特任准教授を務めている。

この胸焼けのしそうなすさまじい経歴からはどう考えても天才にしか思えないのだが、山口さんが言うことは他の天才たちと同じで「私は天才ではないので、がんばるしかなかった」と言っている。山口さんの勉強は「机を見ること」から始まった

(NIKKEI STYLE「東大もハーバードも頂点　真由さんの癖になる勉強法」2017年8月13日)。

山口さんが子どもの頃から習慣にしていることはこうだ。起床すると窓のカーテンを開けて太陽の光を浴びる。次の瞬間、視線を机に移す。椅子に座って、何の本でもいいから読み、母親が「朝ご飯よ」と呼ぶまでの10分程度を机の前で過ごす。これで机に座るということに1日抵抗がなくなるという。学校から帰ってきておやつを食べると、また「机を見る」ことを起点に勉強をはじめる。

高校でも、ロースクールでも、朝の光を浴びたらまず机を見た。小さなトリガーから始まる習慣で、天才が作られたのだ。

やめたい習慣のトリガー

習慣でやっかいなのは、やめたい習慣もまったく同じ仕組みで働いているということだ。ぼくはお酒を控えようとしていたが、なかなかそれを抑えることができなかった。

理由のひとつは、お酒には「トリガー」となる相棒がたくさんいたこと。例えばぼくは昼間からビールを飲むのが好きで、「天ぷらそば」を頼むと反射的に瓶ビールも頼んでしまっていた。餃子や唐揚げなどの油の多いものも同じだ。それ以外にも、いろいろなものがビールを連れてくる。

チャールズ・デュヒッグはトリガーを次の5種類にまとめている。お酒が飲みたくなるトリガーを例に説明してみよう。

●場所（帰り道にあるコンビニ、友人の結婚式の会場）
●時間（仕事が終わった夜、日曜日の昼間）
●心理状態（残業続きでストレス、ミスして落ち込む）
●自分以外の人物（素敵な女性とデート、久しぶりの同窓会）
●直前の行動（運動で汗を流した、温泉に入った）

やめたい習慣の場合はこれらのトリガーを特定すること、身につけたい習慣の場合はトリガーを作ることが大切になってくる。

鎖のように結びつくルーチン

それを『ふだんどおり』というふうにしていかなければ、特別なプレイというのはできません。特別なことをするために特別なことをするのではないのです。

——イチロー（「夢をつかむイチロー262のメッセージ」編集委員会『夢をつかむイチロー262のメッセージ』ぴあ）

習慣の2つ目の要素、「ルーチン」はわかりやすい。トリガーで始まる決まった行動のこと。歯のべたつきをトリガーにしたいつもの歯磨き、シャワーを浴びたらドライヤーで乾かすなど、日常にもあふれた行動のこと。

ぼくがジムに行く時は、時間や、身体を動かしたくてムズムズするのを感じるのがまずトリガー。そしていつもと同じようにウェアや水筒を用意する。ジムまでの道のりや、ロッカーの解錠方法なども染み付いている。筋トレ、ランニングはメニューが決まっているし、運動が終わった後のシャワーや、ウェアの洗濯方法も同じ。

ひとつのルーチンが、また次のルーチンを始めるトリガーになっている。ジムに行って運動するというのは複雑な行為だが、トリガーとルーチンが鎖のように結びついた一連の行動と考えることができる。誰もがしている、朝の儀式もこれと同じことだ。

ルーチンが心を調律する

ルーチンのよい点は、いつもの行動を取ることから気分を変えることができるということ。乱れた心を調律するチューナーのような働きがルーチンにはある。

たとえば村上春樹さんは毎日1時間走るが、誰かからいわれのない非難や拒絶を感じた時には、少し長い距離を走るそうだ（村上春樹『走ることについて語るときに僕の語ること』文春文庫）。ぼくもほぼ毎日走るが、嫌なことがあった時はなおさらそうする。そうすることで確実に「気分」が変わるのを実感しているからだ。問題の本質は問題自体にあるのではなく、問題をどう捉えるかという気分の問題だ。そして感情が、意志力を左右することは1章でも見てきた。いつもの習慣を実践することによって、ネガティブな感情が払拭（ふっしょく）されると意志力も回復してくる。

イチローはしんどい時の乗り越え方として、「日々やっていることを同じようにやること」を大切にしているそうだ。「心から持っていくのは難しいですが、身体をいつもと同じように動かせば、そのうちに心がついてくる。心が積極的になれない時のテクニックです」と言っている（『プレジデント』2016年2月15日号、プレジデント社）。

いつもと同じ肉体の動きをすることで、それに合わせて心が調律されていく。衝動買いした時など何かを「欲しい」と思った時は、呼吸が荒くなっている。だから意識して呼吸をゆっくりにすると欲求も収まってくる。ゆっくり呼吸する瞑想を習慣にしているとこういうこともできる。

ラグビー元日本代表の五郎丸歩選手はキックの前に印を結んでいたし、羽生結弦選手はスケートの前に十字を切って合掌する。「これは勝負を分けるキックだな」などといつもと違って意気込んだりしていれば、身体のバランスが変わってしまうはずだ。

いつものルーチンを通して、落ち着いた普段通りの心理状態に戻し、イチローが言うように、特別なときにも練習した通りの結果を残す。アスリートがルーチンを使う理由はこんなところにあるようだ。

人から想像しづらい報酬

「あれは…麻薬だな」

「……麻薬？」

「そうだ。一度山で岩の壁に張りついたら、そこであれを味わったら、日常なんてぬるま湯みたいなもんだ」

――作・夢枕獏作、画・谷口ジロー『神々の山嶺（いただき）』（集英社文庫コミック版）

習慣のうち、理解が難しいのは3つ目の要素の「報酬」だ。報酬を求めて人は何度もその行動を取ろうとする。

●美味しいものを食べる
●仲間と交流する

●好きな相手とセックスする
●お金を手に入れる
●SNSでいいねをもらう

こうしたものはわかりやすい報酬で、それを求めて行動することは誰の目から見ても理解しやすい。しかし、中にはなぜそんなことをするのか、わかりにくい行動もある。

ウィキペディアを書いて受け取る報酬

何かの対価として受け取る「報酬」というとどうしてもお金を想像してしまうが、それだけではない。たとえばウィキペディアの記事を書くことで1円もお金はもらえない。

のりまきさんという執筆者は、小林一茶についての記事を半年かけてまとめたという。ものすごい労力だ。本なら印税を支払いたいところだ。のりまきさんはウィキペディアについて「気になることを貪欲に調べたい自分の本能を思いきり出せる場所」だと言っている（47NEWS『第2部「本当の自分はどこに」（7）』2018年8月27日）。

好奇心と探究心を満たすことができ、他人が目にする場所に発表できる。ウィキペディアの執筆者が受け取っているのはそういう「報酬」なのだろう。さらに執筆者同士のつながりがあり、オフ会も開かれたりしている。そういう趣味の合うコミュニティも「報酬」になりうる。

かつてマイクロソフトも、高額でマネージャーを雇い、プロの執筆者を集めて辞書を作ろうとしていたことがある。お金を「報酬」としたわけだ。しかし、個人が持っているこういった自発的なエネルギーには到底叶わなかった。たとえそこにお金が発生しなくても、人はいろいろな「報酬」を感じ取ることができる。

辛い運動には何の報酬がある？

他人から見て、想像しづらい報酬というのはたくさんある。落ちたら死んでしまう岩壁に挑戦する登山者を見ると、なぜそんなことに挑むのかわからなかったりする。ぼくも以前、真夏の炎天下にランニングする人を見て「あの人は、一体何が楽しくてあんなことをしているのだろう？」と思っていた。

ぼくだって中学の時はバスケ部に所属し、1日も欠かさず練習に励み、毎日激しい運動をこなしていた。しかし大人になると、まったく運動しなくなってしまい「ランニングのどこが楽しいのかわからない」状態になってしまった。

今はまたフルマラソンを走るようになったが、「何のためにそんなことをするのか全然わからない」と面と向かって言われることもある。走る習慣がない人にとってランニングは、こんなふうに単なる苦しみのイメージで埋め尽くされている。しかし、習慣に報酬が必要ならば、走る苦しみの中にも何か報酬があるはずだ。

ランニング＝エンドルフィンは嘘？

走ることの報酬としてよく説明に使われるのが神経伝達物質の「エンドルフィン」だ。エンドルフィンはモルヒネのような鎮痛作用があるので、走ることの苦痛を抑え、「ランナーズ・ハイ」のような陶酔体験をもたらすとされる。

脳科学者のグレゴリー・バーンズはその説明に疑いを呈している1人だ。なぜかと言えば、激しい運動をしている時に本物のベータエンドルフィンが増加した人は、50%にすぎないことが判明したからだ（グレゴリー・バーンズ『脳が「生きがい」を感じるとき』以降グレゴリー・バーンズの引用は同書から）。ランナーの間でもランナーズ・ハイを感じたことのある人は少ないし、毎回感じられるわけでもない。グレゴリー・バーンズは放出されたエンドルフィンを陶酔感の原因ではなく、なんらかの副産物のようなものだと考えている。

ストレスホルモンのポジティブな働き

では何が報酬となっているのか？　グレゴリー・バーンズは、走ることの報酬はストレスホルモンである「コルチゾール」にあるのではと考えている。ストレスホルモンなんて、ただの悪者のようなイメージがあるがどういうことだろうか？　先にドーパミンが複雑な働きをしていることを説明したが、コルチゾールも実に両義的な働きをする。

グレゴリー・バーンズはその働きをこんなふうに説明している。コルチゾールは特に肉体的なストレスから生まれるが、コルチゾールには気分を高揚させ、集中力を高め、場合によっては記憶力も高める効果がある。しかしこの効果は、1日分の分泌量である20～40㎎を投与したときだけで、これ以上量が増えると不安を抱いたり、いわゆるストレスの徴候が生まれる。

ちょうどよい量のコルチゾールは、ドーパミンと相互作用し、強い満足感や超越的な陶酔感をもたらす。グレゴリー・バーンズがおもしろいのは、実際に友人に適量のコルチゾールを投与してもらい、自分の身体でもその感覚を確かめているところで、陶酔感と幸福感があったと報告している。深い満足感を味わうためには、ドーパミンだけではダメ。ストレスを感じることで分泌されるコルチゾールと組み合わされることで、強烈な満足感を得られるというのだ。

ぼくもランニングを始めると10分ぐらいから身体がいつもの感覚とは切り替わりはじめ、身体を動かすこと自体が喜びになってくるのを感じる。生物は余計なカロリーを抑えるほうが生き延びるためには都合がいいはずで、人間はおそらく通常このモードでできるだけ楽をしたいと思っている。しかし、しばらく走り続けると別のモードに切り替わっていくような感覚がある。

悩みや不安は薄れ、エネルギーがどこからか湧き、普段の生活では感じないようなやる気や自信の高まりを感じる。息が上がるほどの状態はもちろん苦しいが、適切に肉体的なストレスをかけると、運動した後も満足感がしばらく続く。

ただドーパミンを放出できれば快感であるのなら、苦しい思いなどわざわざしなくてもいい。美味しい食べ物を食べるなど他にいくらでも方法はあるからだ。しかし「強烈な満足感」となるとそこに必要なのは、適切な苦しみであり、ストレスなのだ。

ビル・ゲイツ、ジェフ・ベゾスが働く理由

ビル・ゲイツや、ジェフ・ベゾスは働かなくても、毎日リゾートのビーチで寝そべって死ぬまで過ごせる財産があるはずだがそうはしない。恐らく楽しいことだけしていても、強烈な満足感は感じられないからではないだろうか。

昔、付き合っていた彼女に「なんか私たち、楽しいことしかしないよね‼」とフラれたことがあった。仕事の忙しい彼女のために、せめてデートの時ぐらいは楽しんでもらおうといろいろ工夫していたつもりだった。だからそう言われたときは「え、意味わからん。どういうことなん？　怖い！」と思ったが今はなんとなくわかる。人間関係においても、ストレスがあったほうが満足感は高くなるのだろう。ドラマは山あり谷ありがあるから盛り上がって面白い。ぼくが書いてしまったのは楽しいことしか起こらないダメな脚本だったのだ。

話が横道にそれてしまったが、運動することの報酬はまだある。たとえば、何かのアイデアは机に向かって考えている時でなく、散歩したり、運動している時に浮かぶということは誰にでも経験があるだろう。

メイソン・カリーの『天才たちの日課』（金原瑞人／石田文子訳、フィルムアート社）は作家や音楽家、画家といったあらゆる偉人たちの生活習慣を紹介した本だが、ほとんどと言ってもいいくらいの多くの人が散歩を日課にしている。

この本を書く上でも、アイデアの多くの部分がランニング中に思い浮かんだ。どうやら運動は、机に向かっている時とは違う創造性を発揮させるようだ。

有酸素運動でニューロンが成長する

医学博士のジョン・レイティは『脳を鍛えるには運動しかない！――最新科学でわかった脳細胞の増やし方』（野中香方子訳、NHK出版。以降ジョン・レイティの引用は同書より）の中で、運動で爽快な気分になる理由を端的に「心臓から血液がさかんに送り出され、脳がベストの状態になるから」と言っている。

ジョン・レイティが説明する運動が脳に有益な理由はこうだ。脳内には神経伝達物質の他に、「因子」というタンパク質群がある。そしてこの脳由来神経栄養因子（BDNF）は有酸素運動によって増える。ニューロンにこのBDNFを振りかけると、ニューロンは新しい枝を伸ばすことがわかった。ニューロンは木に似ていて、枝の先には葉の代わりにシナプスがついている。新しい枝が生まれるとシナプスも増え、結合はさらに強くなるというわけだ。

ジョン・レイティは、BDNFを脳にとっての「肥料」のようなものだと喩えている。

運動で成績が上がった学校

成績を上げるためには、運動することなどよりも第一に勉強する時間を増やすことだと思われがちだが、実際はそう単純ではない。

イリノイ州のネーパーヴィルでは1万9千人の生徒を対象に「0時限体育」という試みが行われた。1時限目の授業の前に、運動場を走ったり、エアロバイクで有酸素運動を取り入れるようにした。

効果は絶大だった。リーディングと理解力のテストで、普通の体育だけを受けていた生徒は10・7％の伸びだったのに対し「0時限体育」を受けた生徒は17％伸びた（前掲書）。ネーパーヴィルの生徒はTIMSSという国際基準の数学と理科のテストで数学で世界6位、理科では世界1位という成績を収めた。（アメリカの生徒の平均は理科が18位、数学が19位）。勉強に取り組む前に、まず運動をすることで学習の効果を高めることができ、成績が上がったのだ。

2007年にドイツの研究者グループが行った研究では、運動前より運動後のほうが20％早く単語を覚えられ、学習効率とBDNF値が相関関係にあることが明らかになった。

習慣にとって必要なのは報酬だ。運動を実践している人はよく「ストイック」だと言われる。しかしそういう人たちは報酬を断っているわけではない。むしろ大きすぎる報酬を受け取っているのである。

習慣は、子どもにとってのビール

しかし、こうやっていくら文章で記述をしてみても運動の習慣がない人にとっては、こういった報酬は想像しづらいのではないかと思う。

習慣を身につけた後に感じられる報酬というのは、子どもにとってのビールのようなものだ。ビールを味わったことのない子どもに、ビールの喉ごしの爽快感や酩酊した気持ちよさを言葉でいくら伝えようとしても伝わらないだろう。

ぼくはパチンコをやった経験がないので、当たった時の快感がわからない。タバコを吸っていない人からすれば、数百円払って頭の痛くなる煙を吸ったり吐き出したりすることの何が楽しいのかうまく想像ができない。お酒、タバコ、パチンコを全部する人でも、コカイン中毒者が白い粉や注射器を見ただけで興奮する理由はよくわからないはずだ。

一見ストイックに見える運動のような行動も、薬物を求める行動も仕組みは大きく変わらない。報酬を求めて、人は何度も同じ行動を取ろうとする。その本質は揺るがず、好ましい行為でも悪癖でも、どちらも同じ依存症のようなものだと思う。

人は自分が受け取っている報酬を他人にも当てはめて考える。だから、自分が受け取っているものとは違う報酬を他人が受け取っていることがなかなか想像できない。走っている人がただ損をしているように見えるのはそのためだ。

習慣を身につけることは、子どもがビールを好きになる過程と同じで、最初はただ苦いだけだ。その苦味を我慢して何度も試していくうちにいつしかいちばんの楽しみになっていたりする。

習慣を身につけることは、意志力を鍛え、誘惑を断てるようになることなどではない。自分が感じられる「報酬」を書き換えるということ。何度も何度も行動することで、実際に自分の脳に変化を起こすということだ。

習慣のコツ＝マシュマロから目をそらす方法

1章ではマシュマロ・テストを紹介したが、子どもたちが1回限りではなく、このテストを「何回も受け続けた」としたらどうなるだろう？

最初にテストを受けたときは、20分先の2つのマシュマロなんていう報酬は曖昧すぎてよくわからない。そしてその間の我慢も未経験だと辛いだけだ。

しかし、何度かそれに成功していくうちに、楽しいことを考えてマシュマロから目をそらせたり、マシュマロを「雲」だと考えたりするスキルが身についていく。そして20分待って2つのマシュマロを何度も手にすると、その報酬が実感としてわかるようになる。

子どもたちの中には、マシュマロ2個を手にしてもすぐに食べない子どもがいた。2個のマシュマロを家に持ち帰り、自分の偉業を母親に褒めてもらおうとしたのだ。そうなってくると、もはや1個のマシュマロなどとは比べようもない報酬が手に入ることになる。自己肯定感も増す。

そうなれば、しめたものだ。目の前の1個のマシュマロなど検討する価値もなくなってしまうだろう。好ましい習慣を身につけている状態とはこういうことだ。目の前の報酬が消えてなくなるわけではない。しかしより大きな報酬を何度も手にしていると、目の前のマシュマロが以前よりも小さくなったように感じるはずだ。

習慣を身につけようとする時、確かに最初は意志力が必要かもしれない。簡単でもないし、魔法のように身につける方法はない。しかし、一旦身につけてしまえば、大きな報酬がきっちりあるので続けることができる。そうなれば意識であれこれ悩む必要もうなくなる。

続く3章で、この習慣化のための方法を55のステップに分けて、詳しくお伝えしたい。

戦略なしでは、目の前のマシュマロに打ち勝つことはできない。習慣を身につける方法というのは有り体に言えば、その大きな報酬を感じられるようになるまで、ありとあらゆる方法で目の前のマシュマロから目をそらし続けるということだ。

2章のまとめ

●人の行動の45％は習慣である

●歯磨き、ボタンを留める、靴紐を結ぶなど、子どもの頃は難しかった行為も、繰り返すうちに無意識にできるようになる

●運転や料理などの複雑な行動も、意識は使わずとも実行できる

●意識は、何か問題があった時だけ呼び出され、人は普段、自動操縦のように行動や生活を行なっている

●朝決めた時間に起きるなど、悩むべき問題があった時、意識で国会のような議論が繰り広げられる。その時々によって却下されたり認められたりするので、意識が呼び出されている時点でどちらに転ぶかわからない

●ラットの実験では、報酬を求めて何度も同じ行動を取っていると、脳はだんだん考

えなくなっていった

●習慣とは、「トリガー」で作動する「ルーチン」であり「報酬」を求めて行われる

●習慣にするとは、この「報酬」を書き換えることである。苦しい運動のような行為にも、満足感や陶酔感など大きな報酬はあるが、何度もその経験をしないと実感できない。それは子どもにとっての初めはただ苦いビールのようなものである

●習慣を身につけることとは、マシュマロ・テストを何度も受け続けるようなものである。2つのマシュマロを何度も得ていれば、そのうち将来の報酬が、目の前の報酬と比べて検討する価値もないほど大きく感じられるようになってくる

●習慣にする方法とは、あらゆる手を使って、目の前のマシュマロから目をそらし続けることである

3章

習慣を身につけるための55のステップ

55 STEPS FOR MAKING NEW HABITS

STEP 01

悪循環を断ち切る

汚れた布を綺麗に染めるためには、まず洗濯しなくてはならない。
——アーユルヴェーダの教え

1章で見たように、不安や自己否定感といったネガティブな感情で意志力は失われてしまう。そうすると脳はホットシステムが優性になり、本能的な行動を取ったり、目の前の報酬に飛びつこうとする。結果、暴飲暴食してしまったり、やる気を失いダラダラとスマホを見てしまったりする。そしてその行動を後悔し、またストレスを感じる。

さらに悪いことに、そういったストレスに長期間さらされると、本能的な行動を抑え込むべきクールシステムの認知機能が、衰えてしまうという。使わないものは衰える。そして認知力が衰えるということは、目の前のマシュマロを偽物だとか雲だとかいうふうに、現実を違った角度から見ることができなくなってしまうということ。だからなおさら目の前の報酬に飛びつくようになる。

そうしていつしか「学習性無力感」に陥ってしまう。回避できない電気ショックを受け続けた犬は、電気ショックをジャンプして回避できるようになった後でもそれを甘んじて受け続けてしまう。自分は「何をやってもムダだ」と思い込んでしまうからだ。残念ながらこんなひどい悪循環の仕組みがあるので、好ましい習慣を身につけるためにはどこかでそれを断ち切らなければいけない。

習慣を難しくする原因　ストレス解消のために必須と考えてしまう

よくある誤解は、暴飲暴食などの良くない習慣を「ストレス解消のために必須」と思い込んでしまうこと。必要だからその行動を取っているのではなく、ストレスでネガティブな感情を持つと、目の前の報酬を選ばされてしまうことを思い返そう。仕事や家事など、ストレスがあること自体は仕方ない。大事なのはストレスの本体と、それを解消しようとする行動からさらに受けるストレスを分けること。

『星の王子さま』にはこんな台詞が出てくる。「お酒を飲んでいるのが恥ずかしくて、それを忘れたいからお酒を飲むんだよ」。本当に残念な話だが、人はお金がない、という不安を感じた時にその不安から逃れるために買い物に走ったりする。不安があると、さらに不安を生み出す行動を取ってしまう。作家のグレッチェン・ルービンは対処法を簡潔にこう言っている。「気分転換のための何かは、自分がさらに嫌になる何かであってはいけない」（グレッチェン・ルービン『人生を変える習慣のつくり方』花塚恵訳、文響社）。

習慣をやめるコツと習慣を身につけるコツは正反対

良い習慣でも悪い習慣でも基本的に、同じ習慣の仕組みで成り立っている。だから今ある習慣をやめるには、習慣を身につけるコツと、正反対のことをすればよい。たとえば、習慣を身につけるＳＴＥＰ13は「とにかくハードルを下げる」こと。であれば、習慣をやめたい時の方法は反対に「ハードルを上げる」ことがコツになる。この後は、まず習慣をやめる時に特に注意すべきポイントをあげていく。そしてその後は基本的に、習慣を身につける時のポイントと合わせて、やめたい習慣のポイントも適宜解説していく。

STEP 02 まず、やめることを決める

1日の過ごし方がどんなに自堕落であろうと、とにかく人は1日を過ごすことができてしまう。「ダラダラする」という予定で1日がパッパッの人もいる。

それが本人にとってよいものであれ、悪いものであれ、人の1日は習慣で満ちている。だから新しい習慣を追加しようと思えば、古い習慣には退場してもらわなければいけない。そう、まずやるべきはやめることを決めることだ。

何の習慣をやめるべきか、という問題は難しい。先にも述べたように人はある習慣を「ストレス解消のために必須なもの」と容易に思い込むことができるからだ。

自分の子どもに習慣にして欲しいかどうか？

この時、問いかけてみる価値があるのは「それを自分の子どもに習慣にして欲しいかどうか？」という質問だ。実際に子どもがいなくても、もちろんこの質問は成り立つ。

自分には欠かせないものになってしまっているが、できればやめたいもの。そこから学んだものは少なく、自分の子どもがそれをしたいと言っても賛成できないようなもの。終わった後に達成感や満足感ではなく、後悔が残るもの。

自分の場合だと、どうしてもやめられなくても、いろいろな言い訳が出てきてしまう。メリットをいくらでもでっちあげることもできる。

しかし、それを自分の子どもにも習慣にさせたいかどうかを考えると、少し変わる。

子どもをアルコール依存やニコチン依存にさせたい人も、スマホやSNSにかかりきりにさせたい人も、ギャンブルに夢中にさせたい人も多くはないだろう。
大人になると、自由に行動していいことになるのは不思議だ。もし子どもにテレビを見たり、ゲームをすることに1時間の制限が必要だと思うなら、それは大人にだって必要なことだ。人には死ぬまで教育が必要なのだから。

問題はジャンル自体ではない

問題はそのやめるべき何かは、ジャンルであればダメ、これはいいとは言えないということだ。たとえば、ぼくは子どもの頃ゲームをしていた記憶しかないのだが、30歳頃を境にやめた。自分が散々楽しんできたはずなのに、それ以降はゲームに興じている人を白い目で見ていたように思う。しかし日本初のプロゲーマー、梅原大吾さんのゲームへの取り組み方を知り考えが変わった。

梅原さんもゲーム自体にはとっくに飽きているという。ゲームの大会で優勝するということは手段であり「自分の成長」こそが目的だ（梅原大吾『勝ち続ける意志力』小学館）。世界でトップに立つために、真剣に何時間もゲームをしながら、見つけた課題はすぐにメモを取り改善を重ねる。その試行錯誤の過程はアスリートとなんら違わない。

要するに真剣に取り組むならば、どんなものにも価値はあるということだ。ゲームから人生のすべてを学んだと思うことができるなら、それをやめる必要はない。ぼくはお酒をやめたが、真剣に仕事に取り組んでいるバーテンダーやソムリエや日本酒の杜氏(とうじ)には敬意を抱く。お酒からすべてを学んだ方だっているだろう。

しかし、自分とお酒との付き合いを振り返るとそこから大きな学びを得たとはとても言えなかった。お酒の席は盛り上がって楽しいものだが、翌日は後悔することも多かった。だからきっぱりやめた。

●自分の子どもに身につけて欲しくないもの
●終わった後に、達成感ではなく後悔を覚えるもの
●振り返った時に、大きな学びを得たと感じられないもの

このあたりを念頭に、まずはやめるべきものを洗い出してみよう。

あらゆる行為には依存性がある

意図的に楽しむ娯楽は人生には必要だ。問題はやめたいとはっきりしているのに、やめられない場合。自分でやめられないものは依存症である。アルコールやニコチン

だけでなく依存性のある物質はたくさんある。たとえば砂糖もそうだ。

神経科学者ニコール・アベナは、実験でラットに砂糖を与え続けた。ラットは砂糖に強い欲求を示すようになった。しかもコカインのように耐性ができ、離脱症状まで起きることがわかった。成人384人にアンケート調査を実施したところ、特定の食品が欲しくてたまらず、断とうと何度も試みたが失敗したと答えた人は92%もいた（『ナショナル ジオグラフィック』2017年9月号、日経ナショナル ジオグラフィック社）。

依存性があるのは物質だけではない。シカゴ大学病院のジョン・グラントは、「過大な報酬や多幸感、安らぎをもたらすものはすべて依存性があります」と言っている（前掲書）。薬物だけでなく、特定の食品、買い物、セックス、万引き、SNS、あらゆる行為には依存性がある。ぼくが走る理由も簡単に言えばそれが気持ちいいからで、依存しているとも言える。

報酬が早いと依存症になりやすい

依存症に陥りやすいものはすべて「報酬が早い」ことが特徴的だ。要するに気持ちよさに即効性があるということ。お酒の陶酔感が口に含んでから6時間後に来るのであれば、楽しんでいる人は少ないだろう。SNSの「いいね」が1カ月後にポストに投函されて来るなら、こんなに多くの人がハマらなかったはずなのだ。

そして脳ではそれが薬物によって簡単に増やされた「よくないドーパミン」なのか、運動によってもたらされた「好ましいドーパミン」なのかなどと判別することができない。ただ快感を感じた行為を繰り返そうとするだけだ。だから、まずは自分の意識で何をやめるべきなのか考える必要がある。

ぼくがお酒をやめた理由

ぼくにとってやめたい習慣、その筆頭はお酒だった。最初に断っておくがお酒にまつわる文化を否定しているわけではないし、みんながお酒を今すぐやめるべきだとも思ってはいない。そんなこと死んでも思わない。ただぼくにとってのお酒は「やめたほうがよいもの」になってしまっていた。

以降しばらくお酒をやめたことを例にして話が続くが、お酒をみなさんにとっての「やめたい○○」に変換して読んで頂ければと思う。何かをやめる時の戦略は大体同じだから。

さて、お酒で難しいのは、誰もがそれをコントロールできていると思っているところで、アルコール依存症は自分とは違う世界にある問題だと考えてしまうことだ。もちろん朝から連続飲酒するような状態になる人は少ないかもしれない。しかしなんでもそうだが、依存症になろうと思ってそれを始める人はおらず、始まりは最初のひと口だ。だから本当は誰にとっても隣り合わせの問題のはずだ。

ぼくがお酒をやめたのは、2017年の年始のことだった。それまで何度も何度も挑戦してきたのだが、どうしてもやめられない。本当にお酒が好きで、お酒の席も大好きだった。やめたいと思ったのは、ずっとしたいと思っていた「早起き」がしたかったからだ。ヘミングウェイはどんなに深夜まで酒を飲んでいても二日酔いとは無縁で、早起きは欠かさなかったというから（メイソン・カリー『天才たちの日課』）、ぼくもヘミングウェイみたいな体質だったら、やめなかったかもしれない。

1杯で終えようと思ってもお酒はなかなかそこでやめられない。それは欲求を冷却するクールシステムがアルコールによって麻痺してしまうから。規則正しい生活をしたいと思っているのに二日酔いで午前中は消失。そしていつまでたっても早起きは身につかない。そんな連続が嫌だった。こんなに後悔が多いものを自分の人生に置いておいていいのかと思ったのだ。

ぼくは今いろんな習慣が身についているが、今住んでいる場所から引っ越せば、またそれを作り直さなければいけないだろう。自分の住環境に紐付いている習慣の「トリガー」を再構築しなければいけないからだ。

逆に何かをやめる時も、引っ越しのような転機を利用するのがいい。お酒を断った時、ぼくが利用した転機は「病気」だった。アルコールは薬物であり、物質的な依存性がある。だからアルコールは意志力などという甘っちょろいものではやめることが難しい。お腹が減って餓死しそうな時、意志力で食べ物を我慢することができないのと同じだ。

ぼくは石垣島を旅行中インフルエンザにかかり、5日間をほぼベッドの上で過ごすハメになった。楽しみにしていたダイビングはキャンセル。お酒どころか、食事も満足にとれなかった。しかし、その5日間をお酒なしで過ごしてみると、お酒を飲みたいという欲求が普段より薄れていることに気がついた。何かやめたい時にいちばん苦しいのは、この最初の5日間だと思う。

このチャンスを活かした。やめてから20日間はまだ飲みたいという欲求が残っていて、人が飲んでいる姿を見て羨ましいと思った。しかし1カ月もすると、お酒を見ても飲みたいという思いがなくなっていることに気がついた。一緒にブログをやっている沼畑直樹さんも、歯の治療のために入院したことをきっかけにしてお酒をやめた。

禁煙でも似た話をよく聞く。病気の時は凹むものだが、身体がいつもの状態でないということは、やめたい習慣をやめるチャンスでもある。

ぼくがモノを大幅に手放せたきっかけも思えば彼女にフラれたことだった。その頃の記録を見ると、よく寺とかに行っている。……自分を見つめ直したかったんだね！　そういった転機は自分を変える後押しになってくれる。

いちばん必要なときに手放す

お酒をやめた時期もよかったと思う。やめたのは1月だったので、新年の目標としてすぐにブログで宣言した。そしてお正月のお酒の席や、その時ちょうど結婚式もあった。つまりいちばん難易度の高い時期が最初に来たのだ。田舎に引っ越していたこともよかった。しばらくは移動手段が徒歩か自転車しかなく、近くに自動販売機やすぐに行けるコンビニもなかった。そんな環境も後押ししてくれた。

モノを手放す時に有効なのは、いちばんそれが必要な時に手放すということだ。ぼくはある時から、髪にワックスをつけたくなくなった。だからそれをやめる日を素敵な女性とのデートの日に設定した。いちばん必要な時に手放せたのだから、その後の機会もしのげるというわけだ。

お酒も同じだった。ある年齢に達してからは、女性との関係の始まりはいつもお酒だったので、デートには欠かせないものになっていた。いちばん難しいその日を乗り越えられれば、日常で些細な欲求が生まれたとしても無視できる。

ぼくにとっての断酒のクライマックスは、4カ月後のニューヨークのレストランだった。前作の『ぼくたちに、もうモノは必要ない。』が英訳されたので、出版記念で講演に訪れたのだ。現地の編集者や、翻訳でお世話になったその奥様、エージェントとの打ち上げ。ニューヨークという素敵な場所で、特別な人たちと、人生でそう何度もない出来事のお祝いをする。この場でもお酒を断ることができたので、ぼくの断酒は完成したという実感があった。

STEP 04 完全に断つほうが簡単

18世紀のイギリスの文学者サミュエル・ジョンソンは、友人から「ワインを少し飲め」と促されたときにこう答えた。「少し飲むということができないのだよ。だから絶対に触らない。わたしの場合、断つことは簡単でも、量を抑えることは難しい」（グレッチェン・ルービン『人生を変える習慣のつくり方』）。ぼくはこの意見に完全に同意する。

お酒を完全に断つよりも、週に1～2度などにした方が楽しみも諦めずに済むし、続きやすい気がする。しかしぼくの答えははっきりとNOである。ぼくも以前、完全に断つのはあまりに寂しいので、さまざまにお酒を飲んでいい例外ルールを考案してみた。「恋人といる時はOK」「旅行中はOK」「友人の結婚式だけは特別」「オーガニックの酒蔵と、お気に入りのブリューワーのビールだけは飲む」などなど。

しかし例外はどんどん増えていく。そのうち「もう、誰かといる時はOKということにしよう」「今日は特別ということにしよう」という話になってくる。そうしてルールは複雑化し、これは認められるのか我慢したほうがいいのか考えることになる。つまり「意識」が呼び出されるので、もはや習慣として続けるのは難しい。

哲学者のイマヌエル・カントは1日に1度だけパイプを自分に許していたが、年月が経つにつれパイプが大きくなっていったという（メイソン・カリー『天才たちの日課』）。例外ルールの難しさを表すエピソードだ。

ストイックや我慢では全然ない

> 何かをしないと誓うことが、それをしたくなる世界一確実な方法だ。
>
> ――マーク・トウェイン［★3―1］

例外をたくさん作ってしまうのは、「お酒は楽しいもの」という認識があるからだ。その認識のままでは断酒は続かない。楽しいものだと思っていれば、それが楽しめない日は「我慢」になってしまう。我慢というのは、報酬がない状態のことだ。報酬がないものを人は続けることができない。

何かを断つときに、禁止の言葉を使わないというのもひとつのテクニックだ。「お酒を飲んではいけない」と考えるのではなく「もうお酒を飲まなくてもいい」と考える。メリットではなく、自分が感じていた苦痛のほうに目を向ける。

お酒をやめていると言うと「ストイックですね」とよく言われる。しかし、それは全然違う。毎回毎回、お酒の誘惑があるのに断っているのであればストイックだと言えるだろう。しかし1章でも見たように、意志力が強いと思われていた人たちは、そもそも誘惑自体されていなかった。たとえば居酒屋に行ったとしても、

お酒を飲む

▼お酒を飲まない

こんなふうにどちらにしようか迷った末、「お酒を飲まない」を選択しているわけではない、ということだ。

「お酒を飲む」という文字がグレーになっていて、そもそも選択できないような状態。

脳のシナプスの結合部分「スパイン」が、何度も同じ行動を取ると実際にその大きさが太くなることは先にも書いたが、反対に繰り返さなければ、それは眠ったような状態になる（アルコール依存症を克服していた人が１杯飲んだだけで元に戻ってしまうのは、このあたりに理由がありそうだ）。

ぼくはもはやビールの爽快感や酩酊の気持ちよさが今となってはうまく思い出せない。だからそもそもお酒を飲みたい、という欲求自体が起こっていない。ぼくは今、小学生がなぜ大人がビールを飲むのかわからないのと、かなり近い状態になっている。ウイスキーなんてストレートでバンバン飲んでいたはずだが、今はアルコール度数の高いお酒の匂いを嗅ぐと子どもの頃のようにえずいたり、ゾッとしてしまう。

しかし、この状態はお酒がかけがえのないものになっている人からすると、想像がつかないと思う。炎天下に走っているランナーだって楽しんでいるのだが、「なぜあいつはあんなことをしているんだ?」と思ってしまうことと同じである。

酒やタバコのストレスで消えるのは唯一それが切れたストレスだけ、という説がある。ぼくも以前は、お酒を飲まないと人生の楽しみが70%ぐらいに減ってしまうのではないかと思っていた。しかし、それが違うことは、お酒を飲まない小学生が楽しそうにしている姿を見ればわかる。豆苗（とうみょう）を刈り取るとまた生えてくる。それと同じように何かをなくしてみると、他の楽しみがより幅を利かせてくるのだ。

できないなら、いっそ大胆に変える

目標設定の重要性について好きなエピソードがある。かつて松下電器産業（現パナソニック）は経費節減のため「電気代を1割減らす」目標を立てたが、なかなかうまくいかなかったそうだ。幹部が集まってああでもないこうでもないと対策を議論していると、松下幸之助はこう言った。「わかりました。それでは目標を変えて、1割減ではなく半減を目標にしましょう」。1割減という目標では小手先のテクニックになり逆に難しい。しかし半減ならば発想の枠組み自体を変えなければいけない。ぼくがある習慣を完全に断つほうが簡単だと思っていることもこれに似ている。

STEP 05 代償は必ず支払う必要がある

きみが捨てたもの、捨てようとしているものの大きさをみれば、きみの手に入れようとしているものの大きさもわかる。

――作・夢枕獏作、画・谷口ジロー『神々の山嶺（いただき）』

習慣をやめたり身につけたりする上で大事なのは「いいとこ取り」はできないということ。作家のジョン・ガードナーは「法律を破れば必ず代償を払い、法律に従っても必ず代償を払う」と言った（グレッチェン・ルービン『人生を変える習慣のつくり方』）。

たとえば、ノーヘルでバイクに乗れば、とても危険だし警察にも捕まるかもしれない。しかし、法律に従ってヘルメットを被れば、安全だが窮屈でバイクならではの解放感は薄れる。

習慣を難しくする原因　いいとこ取りをしようとする

それと同じで、ぼくはお酒をやめることに代償を支払っている。楽しい場やお祝いの場でも飲まないので、悲しそうにされることも多い。ぼくもお酒が好きだった頃は、飲めない人のことを、どこかでつまらない人だと思っていたのでよくわかる。以下は、お酒をやめてから返ってきた反応の数々だ。

友人「ちょっとぐらい、いいじゃーん。飲もうよぉ」

母「なんか寂しい」

新宿のゴールデン街「無駄な抵抗はやめろ！」

フランス人「おぉぉ……」

ぼくはモノが大好きなので、手放したからと言ってモノ自体の価値を否定しているわけではなかった。先に書いた通り、お酒の文化についても同じなのだが、そういう誤解を招くこともある。どこかで自分もやめたいと思っている人ほど、それをやめられた他人を見て怒りを覚えることもある。片づけられない人や、モノが手放せない人がミニマリストに怒りを感じることがあるが、それはどこかでそれを気に病んでいるのだと思う。自分が本当に正しいと思うことをしているのなら、それとは違う行動を取っている人に同情こそすれ、怒りを感じることはないはずだ。

そういう代償を払ってなお、ぼくにとってはお酒を飲まないことのメリットはたくさんある。規則正しい生活の実現、健康状態の改善、出費やゴミが減ったこと、酩酊しての問題行動が起こり得ないこと、1日の終わりまで明晰でいられること。なによりお酒の誘惑を「我慢」することがない平穏な生活が訪れた。習慣をやめる時に大事なのは、何かしらの代償を支払ってでも、優先したいものがあるかどうかということだ。そしてやめる代償が大きいほど、得られるものも大きい。

村上春樹さんは毎日走り、小説を執筆している時は毎日書く。規則正しい生活を送っているので、身近な人からの誘いは断ることが多いそうだ。「人づきあいは間違いなく悪くなっていく。腹を立てる人も出てくる」（村上春樹『走ることについて語るときに僕の語ること』）と言っている。村上春樹さんにとって小説を書く上でいちばん大事なのは不特定多数の読者とのつながりであり、それを優先するために身近な人に気を悪くされることを代償として支払っているということだ。

STEP 06 習慣のトリガー&報酬を洗い出す

『習慣の力』のチャールズ・デュヒッグはある習慣をやめたいと思っていた。仕事をしていて毎日午後になると、カフェに行ってチョコチップクッキーを買い、近くにいる同僚と世間話をしながら食べてしまう。この習慣で何kgも太ってしまったのだ。彼がこの習慣をやめるために取った一連の流れを説明しよう。

問題となるルーチン自体は、はっきりしていて「チョコチップクッキーを食べてしまうこと」。だからまず必要なのは、このルーチンを開始するトリガーが何なのか洗い出すこと。先にもあげたようにチャールズ・デュヒッグはトリガーを下記の5つに分類している。

●場所…どこにいたか?
●時間…何時だったか?
●心理状態…どんな気分だったか?

●自分以外の人物…他に誰かいたか？
●直前の行動…何をしていたか？

数日間、記録を取ってみると、毎日15時から16時になるとクッキーを食べたくなるとわかったそうだ。その次にやったのは、何が本当の報酬なのかということを確かめること。先にあげた行動の中には、「仕事の気晴らし」や「クッキーの糖分」や「同僚とのつながり」など、さまざまな報酬が含まれている。だから、それぞれの報酬をひとつずつなくしてみると、本当に求めていた報酬がわかる。

結果、彼が得たかった報酬は、仕事の気晴らしに同僚と世間話をすることだった。そうして、15時30分にアラームをセットしそれをトリガーにした。アラームが鳴ると同僚のところへ行き世間話をするという習慣を作った。チョコチップクッキーは本当に必要な報酬ではなかったのだ。

つぶやきの報酬

ぼくは何の対策も取らないとツイッターをたびたび見てしまう。他の人の投稿はそうでもないのだが、どうやら自分のつぶやいた内容に対する反応が見たくなってしまうようだ。この本の原稿を書いている時も、脳が活性化されたのかアイデアが次々と浮かぶのでそれをつぶやきたくなった。しかし、それをすべてつぶやき、反応を見ていては原稿が進まなくなってしまう。

そうしてぼくはスマホのメモ帳に「ツイッター」というタイトルのテキストを作った。何か思い浮かんだらそこに書く。効果はてきめんだった。ぼくがツイッターを使っているのは「いいね」が嬉しいからだと思っていたが、より大きな報酬は思いついたアイデアを「保存できる」ということだった。誰にも知られなくても、保存することでかなりの満足感を得ることができたのだ。

何かをしたいという欲求や報酬自体をなくすことは難しい。変えられるのはルーチンの内容だ。このために役に立つのがスマホのカウンターアプリだ。これらのアプリは、ボタンをタップすると「1、2、3」とただ数字が増えていく、単純に何かを数える仕組みだ。

たとえばツイッターを開きたいという衝動に駆られたら、ツイッターを開くかわりにアプリを開きボタンをタップする。すると何か達成感があり、報酬を感じられ、そこで欲求が一旦ストップする。足を組む、鼻をほじるでもなんでもいいが、癖を直すのにも使える。何かしたいと思ったら代わりにタップというルーチンにする。そして1日の終わりに、10とか20とか数字が溜まっていれば、満足感を感じることができる。

STEP 07

真犯人を探す探偵になる

ぼくは早起きがしたいと何年も目標にしていたが、どうしてもできなかった。早起きができない理由はたくさんあった。犯人候補はたくさんいるのだから探偵のように、真犯人を探る必要がある。『早起きさん殺人事件』をぼくはこんなふうに推理していった。

起きたい時間にアラームが鳴ってもスヌーズを連打して起きられない。どうやら「アラームが鳴ったらスヌーズを押す」という習慣が身についているらしい。

そもそも必要なだけ寝ていれば、自然に目が覚めるはず。どうやら睡眠時間が充分ではないようだ。充分な時間が取れないのは、夜にお酒を飲み寝るのが遅くなるから。お酒で眠りが浅くなっている可能性もある。なるほど、お酒は真犯人の第一候補だ。

いや、おつまみという線もある。お腹がいっぱいになってから寝ているからその消化のために必要以上に睡眠時間が長くなっている可能性も捨てきれない。枕が自分に合っていないという線もあるが、お酒犯人説が濃厚だ。ではなぜ、ぼくはお酒を飲んでしまうのだろう？　黒幕が別にいるのではないか？

事件を調査していく中で、ある日の調書（日記）にふと当たった。その日もお酒を飲んでしまって後悔している。その時の日記の内容はこうだ。

まず仕事中に、書かなければいけなかった原稿に手を付けられなかったことに落ち込んでいる。帰りがけに寄ったスーパーでビールを買うことはなんとか我慢し、その代わりにポテチを買った。しかしそれを数分で食べ終えてしまうと、自己否定感が生まれてくる。そうして一度は我慢したはずの、ビールへの欲求が抑えきれなくなり近くの店に駆け込む。1杯飲んだらもう止まらない。今度は2缶めのストロングなチューハイを買いにまた店へ。

この悪循環の始まりは、どうやらやるべき原稿をやらなかったこと、そしてそのことで不安を感じたことのようだ。こいつが早起きができない真犯人だったのだ。

こんなふうに習慣が崩れたり、うまくいった時の状況を掘り下げていくのは案外楽しいものである。

STEP 08 アイデンティティを言い訳にしない

新聞記者や編集者は、机の上に書類が地層のように積み重なっている人が多い。ぼくも以前はそうだった。確かに参考資料はたくさん必要だし、忙しい仕事だ。

しかし、いざ自分がデスクに何も置かないようにしてみると、それで仕事に不都合が起こるどころか、とてもスムーズに仕事ができることを発見した。

新聞記者や編集者にはどこかダンディズムのようなものがある。いい仕事をするためには、机の上に資料を地層のように積み重ねなければいけない。もしかしたら「自分は片づける暇もないほど働いている」というアピールになっているのかもしれない。

天才はインスピレーションを待たない

職業にはそんなふうに幻想のイメージが付随している。作家は原稿が遅いもの。アーティストはインスピレーションが降りてくるのを待つもの。

村上春樹さんもかつて他の作家から「原稿は締め切りが来てから書くもの」だと言われたそうだ（『考える人』２０１０年夏号）。締め切りギリギリまで粘って、インスピレーションが降りてきたところで、猪のように原稿用紙に突進し書きつける。

先にも挙げた、１６１人の作家やアーティストたちの日常を追った『天才たちの日課』を読むとそういった幻想が見事に打ち砕かれる。実際に活躍している人たちの毎日の習慣はかなり規則正しいものだ。画家チャック・クロースは「インスピレーションが湧いたら描くというのはアマチュアの考えで、僕らプロはただ時間になったら仕事に取りかかるだけ」と簡潔に言う。

作曲家のジョン・アダムズも「僕の経験からいうと、ほんとうに創造的な人々の仕事の習慣はきわめて平凡で、とくにおもしろいところはない」とはっきり言っている（メイソン・カリー『天才たちの日課』）。

アイデンティティは変更できる

ぼくが言いたいことは、こういった職業にまつわるものだけでなく、自分が思うアイデンティティは変更していけるものだということ。

ぼくは以前自分のことを「夜型の人間」「お酒がないと生きていけない人間」だと思い込んでいた。ぼくの家族は結構太っているので、自分も太っていた時は「こういう体質の遺伝だ」と考えていた。

実際は過去にそれにつながる習慣を積み重ねてきたというだけで、それが不変というわけではない。自分はミニマリストだからと、本当に欲しいモノまで我慢していては本末転倒だ。今のアイデンティティが未来の行動を縛ってはならない。

STEP 09 まずは、キーストーンハビット

習慣の中には、「キーストーンハビット」と呼ばれる習慣がある。その習慣を身につけることで、他の習慣にドミノのように好影響を及ぼしていく「要（かなめ）」となる習慣のことで、片づけ、運動、早起きなどが代表的だ。

ぼくにとってのキーストーンハビットはやはり、ミニマリズムから始まった「片づけ」だった。服やお皿の枚数を減らすと、洗濯物や洗い物などをそもそも「溜める」ということ自体ができなくなった。だからコツコツやるようになるし、毎回の量は大したことがなく簡単だ。すると今まで嫌いだと思っていた家事全般が好きになった。嫌いだったはずのものが、条件次第で好きになる。ぼくが習慣に興味を持ったそもそものきっかけはこれだ。人は簡単にできて報酬があることは好きになり、習慣にすることができるのだ。

ミニマリズムはすべての習慣のハードルを下げる

モノを厳選するようになったので、買い物やモノを管理する時間も減った。節約した時間は、新たな習慣を身につけることにも役立った。モノを減らす大きなメリットは、他の習慣すべてのハードルを下げることができるということ。

たとえば、ぼくがヨガを習慣にできたのは、部屋にモノが少ないのでヨガマットを出したりしまったりするのが簡単だったからだ。服が多くて、ジムのウェアがクローゼットで行方不明になれば、それだけで行くのをやめたくなってしまうだろう。早起きだって乱れた部屋で起きるのと、片づいた部屋で起きるのは気分が違う。ぼくはミニマリズムは他の習慣を身につける上で、かなり万能に効くと思っている。

習慣を身につける際に、何から始めようか迷う人がいれば、ぼくは最初の一歩としてモノを減らすことを勧めたい。適切にモノを減らせばそもそも散らかることが減る。複雑な片づけ術を身につけなくとも、使ったらしまうことが習慣づいてくる。

運動からモノが減った人

もちろん習慣を身につける順番は人によって違う。まず最初に運動の習慣を身につける人もいる。筋トレで身体を鍛えることが習慣づくと、身体がカッコよくなり服はジーパンにTシャツといったシンプルなもので充分だと思えるようになったという人がいる。そして服を減らすことから始まり、その他の持ち物まで減っていった。まずダイエットから始めるのがいいという人もいるだろう。アーノルド・シュワルツェネッガーのように、ボディビルという筋肉を鍛錬する習慣から始まり、俳優、政治家へとキャリアが広がっていった人もいる。

早起きは先鋒であり大将

早起きも重要な習慣だとぼくは思う。学校や仕事の終業時間は不規則な方も多いだろうが、朝なら自分で起きる時間を選べる。朝起きた後は、最も集中力がある時間だ。1日は時間が経てば経つほど予想外の出来事が起きていくのだから、自分が取り組みたいことは朝にするに限る。

ぼくは基本的に充分な睡眠時間を確保しているので、早起きがめちゃくちゃ辛いわけではない。しかし深夜に目覚めてしまったりすると、もっと寝たいと思う朝もある。

それをどうやって乗り越えるかというと、早起きに「習慣の全責任を負わせている」ことがあげられる。

今まで日記やアプリに習慣をいろいろと記録してきているのだが、早起きできなかった時は、その次に待っている習慣のヨガも、瞑想もスキップしてしまうことが多かった。1章で見たように早起きを「できないこと」で自己否定感が生まれ、意志力が失われているのだ。そうして1日中ダラダラと過ごしてしまうこともある。

早起きが失敗すれば、残りの習慣すべてが瓦解する。その意味で「早起きは先鋒であり、大将」だと思うようになった。いちばん最初に出てくる先鋒であり、負けてしまうと後に続く習慣も立ち行かなくなってしまう大将でもあるということだ。

早起きの責任を前より重くすることで、以前よりも起きられるようになった。その後にするヨガで体を動かすことで、すぐに頭が冴えてくる。何度も何度もその習慣を繰り返すと「どうせ5分後には目がパッチリするのだから」という気持ちができ、よいこらせと起きることができる。

STEP 10 自分観察日記をつける

習慣の中で、なるべく初期に身につけておくのがおすすめなのは日記だ。なぜなら日記は自分の観察記録だから。たとえば、この本を読んだからといって一度の失敗もせずに習慣を身につけられる人はいないと思う。だから失敗の記録をつけていく。どんなシチュエーションで、どんなふうに言い訳を作り出して失敗したのか記録する。そうしておけばそのうち似たシチュエーションがまた訪れた時に対応しやすくなるからだ。

心理学者のケリー・マクゴニガルは、行為を「選択した瞬間」を振り返ることの重要性を説いている(ケリー・マクゴニガル『スタンフォードの自分を変える教室』神埼朗子訳、だいわ文庫)。自分がいつ習慣をやめようと決定したのか、どんなふうにうまい言い訳を作り出したのかを記録することで振り返るのだ。

自分の隠された傾向がわかる

記録として書いていなければ、自分に都合のいいように事実などはいくらでも捻じ曲げられる。たとえば「動機づけられた推論」という心理現象がある。まず「する or しない」を決めてから、その理由をでっちあげることだ。

ぼくの例をあげよう。糖質オフに励んでいた時、おそらく我慢しきれなくなったのだろう。「糖質はずっと取らないのではなく、たまにまとめて食べるチートデイがあったほうが効率がいいって聞いたな」と日記に書いている。その結果、「自称チートデイ」をたくさん作ってしまった。お酒も日記を振り返ると「おいおい、赤ワインには脂肪燃焼効果があるらしいぞ！」とか、「今日は増刷のお祝いだ！」とかいろんな理由をつけては飲んでいる。本当はお祝いしたかったのではなく、単に飲みたかっただけだ。

そうしてもっともらしい理由が見つかったら、もう止まらない。記録しておかなければ、自分がどんなふうに理由をひねり出したのか記憶も改竄されるし、同じことを何度も続けてしまう。記録は無慈悲だ。ぼくはお酒を1杯だけと思って飲んだら止まらなくなった、という話を何度も何度も日記に書いている。記録を続けることで、ようやくわかった。ぼくには1杯だけ飲む、というのは叶わない夢だったのだ。

体重が気になる明確なライン

日記で自分を観察すれば、自分の隠された傾向がわかる。ぼくは身長176㎝。そして体重が67kg以上になると、お腹やあごの肉が日常生活の中でも気になりだし集中力を欠いてしまう。その体重を超えると、まったく同じような反応を自分はいつもしていることが日記を通してわかった。だからこの67kgという明確な体重のラインは、超えないように意識している。日記という記録を残すことで、曖昧な自分の「気分」がどんな時に生まれるのか、客観的に見ることができるようになったのだ。

日記のコツは事実を書くこと

日記を続けるコツは、うまく書こうとせず事実を書くこと。日記を書くことを、ユーモアと教訓に満ちたエッセイを書くことだと思っている人は多い。そうすると大変なので続かない。『アンネの日記』は誰かに読ませる前提で書いていなかったが大べストセラーになったという。しかし、「いつかは自分もアンネ・フランク」幻想はおすすめしない。誰かに読ませる前提で書かず、自分だけがわかる記録でいい。

ぼくが日記を続けられるようになったのは表三郎さんの『日記の魔力』（サンマーク出版）を読んでからだ。表三郎さんは日記はまずもって、記録だと言っている。だから30年続けている日記にもグレープフルーツジュースを飲んだ、タバコを吸ったという毎日の事実が書いてあるという。エッセイに書くような素敵な出来事は毎日起こるわけではないが、事実は毎日起こる。だから、最初は事実を書けばいい。何時に起きた、昼ごはんはアジフライ定食を食べた。こんなことでも後から読み返せば、記憶も蘇って楽しい。

積み重ねてきた日記は、習慣を身につけるためのその人だけのカルテになる。それに合わせて薬も自分で調合するというわけだ。

STEP 11　瞑想で認知力を鍛える

初期に身につけるものとしては、瞑想もおすすめだ。なぜなら、それはクールシステムの「認知」のトレーニングになるからだ。瞑想というのは「メタ認知」をすることである。メタ認知とは、自分が何かを考えている、感じている、ということ自体を第三者的な目線で感じることだ。「マシュマロ食べたいなぁ」ではなく「〃マシュマロを食べたいと思っている自分〃がいるなぁ」と考えられるようになってくるということである。

人は1日7万ものことを考えているというが、瞑想はその「勝手に考えてしまっている」こと自体に気づき、意識から呼吸などの身体感覚に戻していく行為だ。呼吸なら空気が鼻から入り、喉を通り肺に入り、また戻っていく所々の皮膚に意識を向ける。やってみるとそれが一筋縄ではいかないことがわかる。すぐに意識は、あらぬ方向へ飛んでいってしまうからだ。人の心というのは本当に勝手なおしゃべりを始めてしまう。しかし、これを続けていると自分の欲求や感情が動き始めた時に客観的に眺めることができるようになる。考えていること自体に気づいていく練習が瞑想なのだから。

ぼくは瞑想することもすぐに習慣になった。部屋はすでに片づいていて落ち着けるスペースがあったこともあるが、瞑想は報酬がすぐにやってくるからではないかと思う。瞑想を終えると、目にする風景の解像度がアップしたようにすら感じる。脳にこびりつき始めていた澱(おり)のようなものが取れたようで、単純にすっきりとし気持ちがよいのだ。

瞑想はアルコール依存症にも使われる

瞑想はアルコール依存症の治療にも使われている。瞑想をすると、脳の「後帯状皮質」という領域の活動が抑えられることが明らかになった（『ナショナル ジオグラフィック』2017年9月号）。

この領域は同じことを繰り返し考えることと関わりがあるなど「自分はダメな人間だ」「何をやってもうまくいかない」など同じことばかりを考えているから、強迫観念が生まれるわけだ。そんな自分の思い込みを第三者の目で見る方法として、瞑想は有効なのだろう。

STEP 12　やる気は、やる前に出ないと知る

やる気を起こさないのが問題ではなく、「やる気を起こさねばならない」と考えることに問題があることになる。

——オリバー・バークマン

（『解毒剤——ポジティブ思考を妄信するあなたの「脳」へ』下隆全訳、東邦出版）

ある時、ジムに行ってバーベルをあげたり走ったりすることより、「ジムに行くこと」自体のほうが難しいことに気づいた。バーベルを持ち上げている時に、ジムから帰ろうかどうしようかなどと逐一迷わない。走っている最中に、もう一歩走ろうかどうかなどとも迷わない。しかし、ジムに行く前には「今日はジムに行くべきか、サボってしまうか」と散々迷ったり「今日はなんかやる気がでないなぁ」などと考えてしまっていた。

習慣を難しくする原因　やる気に頼ってしまう

問題は「やる気」というものが、待っていれば、どこからか自然にやってくるという思い込みだ。この考えが間違いであることは、脳科学者の池谷裕二さんの次の言葉が完璧に表現している。

「やりはじめないと、やる気は出ません。脳の側坐核(そくざかく)が活動するとやる気が出るのですが、側坐核は、何かをやりはじめないと活動しないので」(池谷裕二、糸井重里『海馬——脳は疲れない』新潮文庫)。

とりあえず何かをやり始めてしまうことで、やる気は生まれる。このプロセスは

「作業興奮」と呼ばれる。ジムに行くことは難しいが、行って始めさえすれば脳はやる気になるので、運動を続けること自体は難しくない。

走ってする後悔はない

そして大事なのは、自分で決めた習慣を守って後悔することはないということ。こうしようと思った習慣を守れなくて後悔したことは山ほどある。しかし早起きできた後に「早起きなんてするんじゃなかった」とか、運動した後に「運動なんてして……大損だぜ‼」なんて思ったことは一度もない。何かをサボりたくなったら「後悔しないかな？」と自分に質問を投げかけてみるのも有効だ。

これは、人生における大事な選択をするようなときも同じだと思う。教育者のティナ・シーリグは判断に迷ったら、「将来胸を張って話せるように物語を紡ぐ」と言った（ティナ・シーリグ『新版　20歳のときに知っておきたかったこと　スタンフォード大学集中講義』高遠裕子訳、CCCメディアハウス）。自分の人生を人に語るとして、したいと思ったことを諦めた理由が「忙しかったから」「予算が足りなかった」「能力に不安があった」では耳を傾けたいと思う人はいないだろう。

STEP 13 とにかくハードルを下げる

やる気を出すには「まず始める」ことが重要。まず始めるためにどうするか。それには徹底的にハードルを下げることが重要だ。

始めることの難しさは、次のようにたくさんの物理の比喩が用いられてきた。車輪は回り始めるときにいちばん大きな力が必要で、一度回転しさえすれば続けるのに大きな力は必要ない。電車は動くときだけモーターを使ってあとは惰性だ。ロケットが発射直後の数分で使う燃料は、その後の80万㎞より多い。

たとえば英語を勉強し始めたときは、何も聞き取れずに苦しいものだが、だんだんわかるところが増えていけば楽しくなってくる。だから、車輪が動き出すいちばん大きな力が必要になる所で、道に転がっている石ころをできるだけ取り除いておくことが重要になる。

やめたい習慣のハードルの低さから学ぶ

人が依存症になってしまう行動は、一般的に恐ろしく行為のハードルが低い。例えば、お酒を作ることはとても手間がかかるが、飲むのは簡単。コンビニでもどこでも簡単に手に入って、コップを傾けるだけでいい。タバコも軽く小さく、火を付けて呼吸をするだけでいい。ゲームやギャンブルも筋肉に悲鳴をあげさせたり汗水をたらさずとも手元の操作だけですむ。

スマホも同様で、小さくポケットから取り出しやすいから依存気味になる。混んだ電車で器用に新聞を折りたたんで読む行為は、今では見かけることも少なくなったが、もはや面倒でハードルの高い行為になってしまったからだろう。将来、人々のスマホ依存に悩んだ政府はこんな法律を作るかもしれない。「スマホの大きさは現行のiPadより小さくしないこと」。逆に野口悠紀雄さんなどは、ソファに寝転びながらスマホの口述筆記で本を書いていたりする。スマホを取り出すハードルの低さを仕事に活かしているわけだ。

Amazonのハードルの下げ方

行為の「ハードルを下げる」ということをいちばん意識的にやっているのがAmazonだと思う。ネットで1クリックで買えるだけではなく、最近ではスマートスピーカーに「アレクサ、ソーダを注文して」と声をかけるだけで注文ができるまでになった。

どこかで災害が起きたとき、ネットで寄付をしようと思い立つことがある。その時新たにIDやパスワードを入力したり、Amazonなら把握してくれているはずのクレジットカード番号を登録したりする手間のどこかでくじけてしまうことがある。Amazonが買い物習慣の王者であるのは、行為のハードルが極端に低く設定されているからだ。

下げるハードルは3種類

下げるべきハードルの種類はいろいろある。ひとつずつ説明しよう。まず「距離と時間」「手順」「心理」。

「距離と時間」のハードル。皇居でランニングするのは大変に楽しいものだ。しかし、そこまで電車に乗って1時間かかるとすると習慣にはなりづらい。それよりも家の近所でランニングコースを見つけるほうが続きやすい。ジムに通うなら、何より自宅からの距離が近いところ。続けたいものがあれば、距離をまずはぐっと近づけてみる。

次は「手順」のハードル。ぼくはジムに通う習慣を身につけるとき、とにかく必要なモノを少なくした。ある時いつものように「今日は行こうかどうしようか」と家でウダウダしていた。そこで自分がジムに行く時の手順をすべて挙げてみて、どこが引っかかっているのか考えてみた。ジムは自宅から近いし、車ですぐだ。そこで思い浮かんできた答えのひとつは「きついタイツをはいたり脱いだりするのがめんどくさい」。小さなことだが、そんなことの積み重ねで人が取る行動なんて変わってしまう。タイツをはいたスタイルのほうがおしゃれだと思うのだが、短パンのみにした。スポーツドリンクを作るのもやめてただの水に。シューズを入れる袋や着替えを入れるバッグも、とにかく出し入れしやすいものに変えた。小さなことだが結果として習慣になったのだから、大きな効果をあげたと思う。

手順のハードルを下げることに関して、こんなおもしろいアドバイスもある。マラソンランナーの谷川真理さんは、冬に朝ランを習慣にしたいならすぐに走り出せる格好をパジャマにすることを勧めている。確かに冬の朝起きたあとに、着替える寒さや、煩わしさを取り除けば習慣になりやすいだろう。

心理的なハードル

「心理的なハードル」も見逃せない。たとえばぼくは初めてヨガ教室に行こうとした時もいろいろなハードルを感じた。「身体が硬すぎて笑われるかもしれない」「自分だけ男だったらどうしよう」などなど。

しかしこんなハードルは初心者の誰しもが感じること。ヨガからすれば「よくある質問」に載っている内容だ。身体は何歳からでも柔らかくなる。身体が硬いほうが元々柔らかい人より変化を楽しめる。何よりポーズを取ることがヨガの目的ではない。少し慣れれば、男性が少ないことにむしろ喜びを感じるかもしれない。

STEP 14 ハードルは内容に勝る

ぼくたちは大量の情報を目の前にして、どんどん「せっかち」になっている。Webページの読み込みが2秒までは直帰率が9％ほどだが、5秒になると40％近くの人がそのWebサイトを見るのをやめる（TECH+『Webページの読み込み時間、3秒が限界か――5秒になると直帰率激増』2018年1月22日）。

要するに、Webサイトにどれだけ面白いコンテンツがあろうがどんなに素敵な商品を売っていようが、時間がかかるものは見られないということだ。

日記を書こうと思い立っても、Wordがぐるぐるして立ち上がらなければ挫折してしまう。だからぼくは習慣づくまではOS標準のテキストエディタで書いていた。

立ち上がりが速くエラーも少ないのでその間にやめてしまうこともない。日記の日付は、グーグル日本語入力であれば「きょう」「あす」と打ち込めばその日付に変換してくれるので簡単だ。

手術や臓器提供を決めるのもハードル

人の「やる気」なんてちょっとしたハードルがあるだけで、簡単にどこかへ飛んでいってしまう。

行動経済学者のダン・アリエリーが紹介する例はなかなか衝撃的だ（ダン・アリエリーのTED『我々は本当に自分で決めているのか？』）。

人工股関節の手術を検討している時、まだ試していない薬が1種類だけの場合は手術をしない医者が多い。もう1種類ぐらいなら薬を試してみてから判断しようということになる。しかし、薬が2種類になると手術が選択されることが多かった。少し面倒な作業が目の前にあるだけで、医者は手術に踏み切ってしまったのだ。

臓器提供のような重大な問題でも同じことが言える。

「寄付をしたい方はチェックをつけてください」と質問したときは、寄付率が下がる。「寄付をしたくない方はチェックをつけてください」と質問したときは寄付率が上がる。要するに、臓器提供のような難しい問題を目の前にすると、人は判断に迷うので「デフォルト」の状態のままを選ぶということだ。

STEP 15 やめたい習慣はハードルを上げる

ピスタチオは殻を剝くのが面倒なので、素焼きのナッツなどよりも食べ過ぎを防ぐことができる。これをぼくは「ピスタチオ理論」と呼んでいる。やめたい習慣があったら、何かこのピスタチオの殻のように使えるものはないかと探し、とにかくハードルを上げることが重要だ。

ぼくはSNSのアプリをスマホに入れていると頻繁に見てしまうので、アプリはダウンロードせず、Webブラウザで見ている。そして終わったらその都度ログアウトする。こうすると、また見たくなっても再ログインのパスワード入力と二段階認証の手間があるので、そのハードルのどこかで考え直すこともある。

ぼくは大学受験を控えていた頃、勉強する習慣がなかったので、勉強から簡単に逃れられないようにしたことがあった。壁を背にして椅子に座ったら、学習机をお腹のギリギリまで寄せる。勉強の息抜きをしたくなった時でも、わざわざ重い机を移動させなければ椅子から脱出できないようにしたわけだ。これはなかなか効果的だった。

物理的に自分を縛ることは、いろんな場面で有効だ。

●朝起きる時に、すぐスヌーズを使えないようにスマホをベッドから遠いところに置く

●通常のクレジットカードではなく、デビットカードで口座にある分だけ使えるようにすれば、ムダ使いは減る

●テレビを持っていなければ、そもそもだらだらテレビを見ることができない

グレッチェン・ルービンの『人生を変える習慣のつくり方』で紹介されているハードルの作り方はおもしろい

●早食いを防ぐために、利き腕でない方で食べる

●強盗が金庫をあけると、中にチョコレートが入っていた（食べ過ぎを防ぐため。ぼくもナッツをキッチンではなく、車の中に置いている）

●作家のヴィクトル・ユーゴーは、召使に服を隠させ、出かけられないようにして執筆に専念した

●ホテルにチェックインする時に、ミニバーを空にしてほしいと頼むアルコール依存症の人がいる

意志力なんて信用しない！

これらハードルの作り方はひとえに、「自分の意志力」なんてものを信頼していないということだ。誘惑に勝てないこと前提で、自分の弱さと冷静に向き合っていると言える。

いちばん過酷な例はギリシャ神話の『オデュッセイア』だ。半人半魚のセイレーンの歌は魅惑的で吸い寄せられてしまうのだが、聞いてしまうと死を招く。だからオデュッセウスは、自分を動けないようにマストに縛りつけさせこう言った。「解き放てと懇願したら縛りをきつくして拘束を増やせ」。

『あしたのジョー』(講談社)の力石徹も同じことをした。力石徹は、厳しい減量中に「俺を部屋の中に閉じ込め、ドアにカギをかけてくれ」と頼んだ。しかし、実際にカギをかけると「ここを開けろー」と力石は叫び始める。将来の自分は、今の自分とは違うと力石徹は知っていたのだ。

STEP 16 初期投資にお金をかける

ぼくはクラシックギターを去年始めた。ギターは通常の入門用が2〜3万円というのが相場で、高いものは数百万するものまである。もちろん予算にもよるが、ぼくはいつもあえて少しだけいいものを選ぶ。ぼくが買ったのは6万円のギターだった。

何かを始める時に「安いもので慣れてから」という考え方もあるし、それも間違ってはいないと思う。しかし、ある程度の金額をかけると、それをやらずに放置することが自分に対しての「罰則」になる。やらないことで払った金額が思い浮かぶからだ。少しいいものにすると、素材やデザインもよかったりして、手に取ろうかという気にさせてくれる。

「形から入る」というのも習慣化のためには役立つとも思う。運動をするのでも袖を通せば気持ちが少し上がるようなウェアやシューズを用意しておくと、最初の苦しい時期とうまく付き合うことができる。ほうきを手作りの素敵なものに変えると面倒な掃除に手を付けやすくなる。心躍るような傘を買えば、梅雨も少しだけ楽しくなる。こういう効果もあなどれない。

習慣を難しくする原因

あれがないとできない

手塚治虫は、原稿を描く時にたびたび必要なものを要求したという。メロンがないと描けないとか、どこのコンビニで買っても同じはずなのに「下北沢の赤いきつねが必要だ」と言ったという逸話が残っている（原作・宮崎克、漫画・吉本浩二『ブラック・ジャック創作秘話――手塚治虫の仕事場から』少年チャンピオン・コミックス・エクストラ）。気が遠くなるような仕事量をこなすには、たまにはこんなことを言う必要があったのだろう。

これとはまったくレベルが違うが、ぼくは登山を始める前、まだ必要な道具が揃っていないということでグズグズしてしまったこともあった。気分がよくなる道具を揃えることも有効だし、時にはとりあえず山に登ってみることも必要なのだろう。

STEP 17 チャンクダウンする

チャンクというのは、塊のこと。その大きな塊を小さな要素にわけることがチャンクダウンだ。

何かを「めんどくさい」と思う時、そこには複数の手順が絡まり合っていることが多い。ぼくがおすすめするのは、何かを億劫（おっくう）だと思ったら、それに必要な手順をすべてリストに書き出してみること。たとえばジムへ通い始める手順はいろいろとある。

●トレーニングウェアを買う
●シューズを買う
●月額の会費を調べ、適切なプランを選ぶ
●身分証明書を持参し、会員証を作る
●ロッカーやマシンの使い方を教えてもらう

なんだか面倒だなと思っている時は、これらの手順を頭の中でぐるぐるとお手玉しているとき。「ジムに通うには、ウェアとシューズを買わなきゃいけないし、そもそも会費はどのプランがいいのかな。マシンを使うのも複雑そうだし……そうまずウェアを買わなきゃいけないし」と手順が最初に戻ったり、同じことで何度も悩んだりしている。実際に書き出すと、頭の中でぐるぐる回していただけで、お手玉の数が実は少ないこともわかる。進められる手順はたとえ1日ひとつだったとしても、リストをこなしていけばいつかはゴールにたどり着ける。

ヘビの恐怖を克服するには？

心理学者のバンデューラは短時間に恐怖症を治せる方法を開発した（デビッド・ケリ

ーのTED『自分のクリエイティビティに自信を持つ方法』)。たとえばヘビへの恐怖症を治す場合にも「チャンクダウン」は使える。「隣の部屋にヘビがいるので、行きましょう」といきなり言われると、当たり前の話だが、大抵の人は「行きません!」と答える。だからまずはマジックミラー越しにヘビのいる部屋を覗かせる。動物園でするような安全な行為だ。そしていくつものステップを経て、開いたままのドアから中を覗かせる。それにも慣れたらさらに小さなステップを踏んだ後、厚手の革手袋をつけてヘビに触れさせる。ヘビに触れることができると、ずっとヘビを恐れていた人たちが「このヘビ、なんてきれいなんだろう」と言ったり膝の上に乗せたりする。

いきなりヘビに触るのは難しくても、少しずつ進めて行けば自分でも思ってもみないようなことに取り組めるという例だ。

早起きのチャンクダウン

早起きのコツも同じ。いきなり布団をはぎとってガバッと起きることは、起きるというプロセスの最終段階。寒い冬などはいきなりそれを狙っても難しいことも多い。だからチャンクダウンする。

●まず目だけ開ける(身体は寝たままでいい)

●ふとんを半分だけ剝ぐ
●ベッドに座る
●ベッドから一歩離れる

もしベッドから一歩離れた時にどうしようもない眠気が襲ってきたら、ベッドに戻っていいから、と自分に言い聞かせる。二度寝してしまう大抵の理由は、ベッドから離れたのに、もう一度戻ってしまったのではなく、最初の目を開けもしない状態でい続けてしまうからだ。

女の子をデートにうまく誘うには

このチャンクダウンの例でぼくが好きなのは、『小さな習慣』（田口未和訳、ダイヤモンド社）でスティーヴン・ガイズが挙げている「好きな女の子をデートに誘う方法」だ。

「まず彼女のいる方向に左足を一歩踏み出します。次に右足を一歩出します。そうすれば、じきに彼女のいる場所にたどり着きます。彼女はあなたに「なぜそんなおかしな歩き方をしているの？」と尋ねてくるでしょう。それが会話のきっかけになります」。

STEP 18 目標はバカバカしいほど小さくする

おもしろいゲームがやめられないのは、難易度のバランスが絶妙に設定されているから。最初は易しく、プレイヤーの成長に合わせて徐々に歯ごたえを感じられるようになってくる。そして次の成長の報酬を得るためにそれほど時間もかからない。

ある時、ぼくはゲームをやめたくなる瞬間に気づいたことがあった。それは理不尽な攻撃をしてくるボスキャラに何度挑んでも勝てなかった時だ。何かをやめたくなるのは報酬を得て満足した時ではなく、がんばっても報酬を得られなかった時なのだ。習慣はそういう意味では「クソゲー」だ。なぜなら、最初の難易度がいちばん高く、ボスキャラが最初に出てくるゲームのようなものだから。だから、自分で難易度を下げなくてはいけない。

三日坊主になってしまう主な理由は適切に難易度を下げていないからだ。新年の目標を立て、お正月が終わった頃はまだやる気満々。そして数日はうまくいき自分が生まれ変わったように感じるかもしれない。しかし、そのうち目標にした行為に手をつけることが億劫になっている自分に気づく。

習慣を難しくする原因 困難の自覚

たとえば腕立て伏せ30回とランニング3㎞を新年の目標に定めたとする。目標自体は妥当だし、3日は続けられるかもしれない。その後に気乗りしなくなってしまう原因は、行う前に想像しただけで、腕立てがあと2回で終わる！　という時の筋肉の軋(きし)みや、ランニング後半の息苦しさがありありと思い浮かんでしまうから。もちろん身体も数回程度で変わるわけではない。だから始めるのが億劫になり、適当な言い訳を作り出して三日坊主で終わってしまう。これが「困難の自覚」だ。

ついでにもう少しやろうかな

何より難しいのは「始めること」だというのは先にも書いた通りだ。まず始めるところから脳のやる気は起こる。

掃除や片づけも同じ。始める前はやろうかどうしようか悩むものだが、始めてしまってからはいろいろな箇所に手をつけてしまった経験はないだろうか？　僧侶の永井宗直さんも「ぞうきんを絞ると、あそこもふこうかな、と思うでしょう？」と言っている（『いいね』30号、クレヨンハウス）。

まず始めるために『小さな習慣』でスティーヴン・ガイズは「目標をバカバカしいほど小さくすること」を勧めている。基準となる目標（30回の腕立て伏せ）があったとしても、それを忘れて、「腕立て伏せを1回する」ことだけ目標にするのがいい。腕立て伏せ1回を目標にすれば始めるのに難しさを感じないし、ついでにそんな体勢になったのだからあと10回ぐらいやろうかなと思えるものだ。

習慣を難しくする原因

失敗で自己否定感が生まれる

目標を小さくすることのメリットは他にもある。習慣を身につける上で何より大事なのは、自己否定感を感じないようにすること。自己否定感というネガティブな感情が意志力を損なわせ、次の行動にも悪影響が出るのは1章で見た通りだ。目標を「腕立て伏せ1回」に設定しておけば、他のことが忙しくて本当に1回しかやらない日があっても自己否定感は生まれない。自分が設定した目標はきちんと達成したのだから。

ぼくも悩んだ時はとりあえずその場所に行くことや始めることだけを目標にする。今もこんなふうによく自分に言い聞かせている。「ジムに一歩入ったり、ランニングシューズを履いた瞬間にどうしても気が乗らなかったら帰っていいから」。

この本のイラストを描いてくれたやまぐちせいこさんも知人の話としてこんな例をあげている。「月曜日が憂鬱で、いつも休みたいって思う。そんなときは、今日の目標を〝会社へ行って椅子に座ること〟にするの。椅子にだったら座れるし、座ったら自然と仕事しちゃうし」。

「書きたくない」という日記

女優の小林涼子さんは、語学の勉強のために外国語で日記を書くことを5年以上も続け、習慣にしている。もちろん「今日は日記なんて書きたくない」という日もあるそうだ。そんな時は「今日は書きたくない」とまず書くという。すると次の言葉が出てくる。「だって昨日は仕事がとっても大変だったし……」と書きたくない理由で日記が続けられる。これもひとつの作業興奮のテクニックだ。

STEP 19　今日始める

「明日やろうは、馬鹿野郎だ」

——ドラマ『プロポーズ大作戦』（フジテレビ）

習慣にしたいことを始めるとき、人はついついキリのよいところからスタートしようとしてしまう。たとえば新年の目標。新年の目標はなぜ12月27日からスタートではいけないのか。いや、来年の目標を意識し始める11月15日ぐらいから始めるのが本当は効果的ではないのか？

習慣を難しくする原因　キリのいいところから始めようとする

たとえば、朝会社で少しダラダラしてしまうと「午後からがんばろう」とか「明日からがんばろう」とか考えてしまう。こんな体たらくになってしまったのだから、もういっそのことキリのいいところまでダラダラするのだ！　となぜか固く決心してしまう。

季節も先延ばしの言い訳になる。冬は寒いのでいちばん無理、「よし、暖かくなってから始めよう」。しかし、春が近づくと花粉症で無理になり、五月病を挟んで、梅雨は雨降りすぎだし、夏は暑すぎ、秋は物悲しくて無理。日本の季節は、難癖をつけようと思えば1年中つけられる。

キリのいいところから始めたくなる理由はこうだ。明日から始めよう、来週から始めようと思えば、それまでの間は楽しみに耽ることができる。そしてこの「明日」。「明日から」というのはキリのいいところ選手権の絶対王者である。

明日やろう。あとでやろう。いつかやろうと思う。しかし今日が、昨日から見た「明日」であり、先週から見た「あと」であり、先月から見た「いつか」である。今日始めよう。目標は小さくていい。腕立て伏せ1回なら今すぐできるのだから。

STEP 20 毎日やるほうが簡単

行くか？ 行かないか？ 答えは決まっとうばい。
「行くか」さもなくば「行く」だ。

——遠藤浩輝『オールラウンダー廻』（イブニングKC）

何かをやめる時は「完全に断つ」ほうが簡単。身につける時はその逆で「毎日やる」ほうが実は簡単だ。

人は「週1回走る」ほうが「毎日走る」よりも簡単だと思い込む。なぜだか労力の足し算で難易度を考えてしまうからだ。そういう思い込みがあるので、人は習慣を始める時、徐々にその頻度を上げていくという方法を選ぶ。しかしそれでは逆に難易度が高くなってしまい落とし穴にハマってしまう。どういうことか？

たとえば週に2日走ることを習慣にしようとする。その時考えることはこうだ。「今日は走る日だっけ？　この前いつ走ったっけ？」「今日は本当は走らなきゃいけないけど、気乗りがしないから来週3日走って帳尻を合わせよう」などといろいろ計算しなくてはいけなくなる。そして必要になるのが選択や決断だ。そうして意志決定のコイントスに陥るハメになる。

毎日には迷いがない

「毎日する」ことの中には、今日それをすべきかどうか悩むことも決断もない。行くか、さもなくば行くしかない。

そうして毎日するうちに、隠された報酬に気づくことができ、進んで自然としたいことに変わっていく。毎日すること、これは習慣のステップの中でも奥義のひとつだと思う。

目標は小さくしていいが、頻度は減らしてはいけない。習慣づくまでは毎日やり、頼まれなくても自発的にしたくなるようになってから、頻度を適切に減らすのがいい。

ランニングをするとしてもちろんいきなり走れない身体の人もいる。だからその場合は「毎日500mウォーキングをする」ことから始める。そして目標は小さく「ウォーキングシューズに足を入れること」でいい。「一駅前から自宅まで歩く」ことを習慣にするのも素敵だ。

毎日やらないと無意識にならない

ぼくはギターの弦の結び方がなかなか覚えられないが、その難しさ自体は靴紐を結ぶのと変わらないと思う。靴紐を結ぶことは無意識にできるのに、ギターの弦を結ぶのはいつもお手本を見ながらする。

何が違うのかといえば頻度だ。靴紐なら毎日結ぶ必要があるが、ギターの弦は数カ月に1回しか交換しないので覚えられない。

ネクタイの結び方は、普段は結ぶ機会のない今も忘れずに結ぶことができるが、それは就職活動の時に毎日結んでいて、無意識にできるまで記憶できたからだと思う。

習慣を難しくする原因　明日の自分はスーパーマンだと考える

疲れていたり、何か不測の事態があったりすると、明日やろうと考える。なぜだか明日の自分は、今日の自分とは違い、スーパーマンのようにエネルギーに満ちあふれ輝いて見える。これをうまく使ったのが「クレジットカード」という仕組みである。今日の自分はこれを買ってしまうけど、将来の自分は上手くやりくりしたり、節約してくれるはずなのだ。

この問題に関しておもしろい話がある。マクドナルドでサラダがメニューに追加されると、なぜかビッグマックの売上が驚異的に伸びたそうだ［★3―2］。その理由は「今日の私はビッグマックを食べてしまうけど、次に来た時の私は理性的にサラダを選べるはず」と思った人が多かったから。サラダがメニューにあるだけで、とりあえずの今日は安心してしまったのだ。

ぼく自身、何度も失敗してもやはり「明日の自分は違う」と思うのでこれはなかなか根深い問題だ。肝に銘じるべきなのは「明日の自分は、今日の自分と同じことをする」ということだ。

今日が永遠に繰り返されるとしたら？

スティーブ・ジョブズは毎朝「もし今日が人生最後の日だとしたら、自分は今日やろうとしていることを本当にやりたいだろうか？」と問いかけることを33年間続けたという。ぼくもしばらく真似してみたが、飽きてしまった。そして習慣を身につけようとしていた時はこうアレンジした。「今日が永遠に繰り返されるとしたら、自分はどんな1日を過ごしたいだろうか？」。明日の自分はスーパーマンではなく、今日の自分と同じ選択をする。明日やろうという今日は永遠に繰り返される。

作曲家のシビル・F・パートリッジは「今日だけは、幸福でいよう」から始まる「今日だけは　十箇条」を残している（D・カーネギー『新訳　道は開ける』田内志文訳、KADOKAWA）。「明日やろう」の反対が「今日だけは」だ。明日はやらなくたってかまわない、だが今日だけはやる。そして明日が来たらまた同じことを思うのだ。

STEP 21 「例外」を即興で作らない

毎日の習慣にするといっても予想外の出来事はいくらでもある。家族が病気になることもあるし、冠婚葬祭もある。クリスマスやお正月は習慣を忘れて楽しみたいと思うこともあるだろう。大事なのは、その場の即興で例外を作るのではなく、事前に例外を決めておくこと。

例外を当日に作ってしまう

ごほうびを出すなら、突然の今日ではなく明確に決めた明日。そうでなければ、先にも書いたように明日も今日と同じことをしてしまう。事前に決めておけば、自分との約束は守ったことになるので、自己否定感は生まれない。誘惑を目の前にすると「この例はこれからOKということにしようかな」「今日も特別ということでいいや」と人は思う。しかしこれを続けていると習慣はもろくも瓦解する。

日常と変わらない条件を考える

ぼくは旅が大好きなのだが、習慣を身につけるべく奮闘していると少々足が遠のいた。習慣が強固でないうちは、旅といういつもと違う環境で習慣が崩れる可能性を感じたからだ。旅行中や帰省中には、日常と変わる条件と変わらない条件がある。ジムがない、ヨガマットがない、図書館がないなどは変わる条件だろう。しかし、変わらない条件もあって、たとえば起きる時間は旅先でも自分で選べる。生活のリズムが崩れると、元に戻すのはそれなりに厄介なので、ぼくは旅行中も早起きだけはする。他にもパソコンはいつも持ち歩いているし、日記も書ける。ヨガマットがなくても、布団の上でヨガの太陽礼拝だけすることもある。

イギリスの歴史家、エドワード・ギボンは兵役中も研究を続けることをやめなかったという。行軍するときもホラティウスの本を持ち歩き、テントの中で宗教に関する学説を調べた（メイソン・カリー『天才たちの日課』）。偉大な人物ならではの所業という感じではあるが、見習うべきところはある。

例外は、習慣の大事なスパイス

しばらくするうち、旅に出て普段の習慣が実践できないことも、習慣の継続には役立つと考えるようになった。習慣も毎日行うようになってくると、当たり前になり、初期に感じていた達成感が薄くなってしまうからだ。ある時4泊5日で国内旅行をした。このぐらいの期間でも、旅から戻ってきて普段の習慣を始めるためには力がいる。仕事をしたり、ジムに行くことが億劫になったりもする。しかしそれを成し遂げられると、かつて習慣化が始まった時のような達成感がある。いつもの習慣に戻ってこられたという安心感も生まれる。こうして、たまにある例外は習慣化に新鮮さを取り戻してくれるスパイスのような存在だと思うようになった。

STEP 22 下手だからこそ、楽しめる

10年後にはきっと、せめて10年でいいから戻ってやり直したいと思っているのだろう。今やり直せよ、未来を。10年後か、20年後か、50年後から戻ってきたんだよ、今。

——作者不詳

こんな話を聞いたことがある。90歳のおばあちゃんが人生で後悔していることを聞かれた。その答えは「60歳の頃にバイオリンを始めたいと思ったのに、もう遅いと思ってやめたこと」だったという。そこで始めていれば30年演奏できたかもしれない、だからそれを後悔していると。

習慣を難しくする原因 始めるのが遅すぎると思う

ぼくがギターを始めたのは37歳の時。なぜ15歳の時に始めなかったのかと思うことはある。マラソンを始めたのも37歳で、仮に20歳の時に始めたベストタイムがあったとしたら到底敵わないだろう。

でもぼくにとっての満足感は、どれだけギターがうまくなるのか、マラソンのタイムを縮められるのか、という到達点とは別のところにあると思っている。

始めたばかりの人がする簡単そうなことと、玄人がやっている難易度の高そうなこと、どちらも本人が感じている満足感はほとんど同じだとぼくは思う。喜びは客観的な出来映えからもらうものではない。だから臆せず始めるのがいい。始めるのにいちばん早いのは今だ。ぼくはこれからピアノなんかも始めたいと思っている。30年も弾けば、それなりに聴けるものになりそうじゃないか。

ヨガを始めたくても始められない時、でてくる代表的な言い訳が「身体が硬いから」ということであることは先にも述べた。しかしヨガは、硬い人だからこそ楽しめるという。どういうことだろう？　たとえばダンサーなど元々身体が柔らかい人は、ヨガを始めると難易度の高いポーズをすぐにこなせたりする。しかし、ヨガはそもそも心と身体を「結ぶ」という意味で、ポーズを取ることが目的ではない。

身体が硬い人が、自分の身体に意識を向け、身体が発する声に気づき始めたりする。自分の身体が変わっていくことに気づくことほど楽しいものはない。新たに経験できることが多いから、ヨガは身体が硬い人ほど楽しめるのだ。これはぼくがこれから初めて『スラムダンク』を読む人が羨ましい、と思うのとちょっと似ているかもしれない。

STEP 23 トリガーを仕掛ける

新たな習慣を追加する時に有効なのは、すでに毎日行っている習慣を「トリガー」とすること。

ぼくの友人は、毎日ドライヤーをかける時にスクワットをするという。いらないモノを手放す時にぼくがおすすめしているのは、歯磨きをしながらすること。歯磨きは毎日するし片手でできる。その歯磨き中の3分でいいので、部屋を歩き回り、いらないものを見つけるのだ。

習慣を難しくする原因　トリガーがない

部屋は片づいていないとイライラさせられることもあるが、それで命まで取られるようなことはない。英語もできた方がいいだろうが、日本の社会で生きていくのにまだ必須でもない。こういった切羽詰まった状況にないものを習慣づけるのは難しい。だから意図的に行為を始めるトリガーを作る必要がある。

ぼくは「英語を勉強する」ことを仕事に行く前の時間にすると決めている。自分で決めた「英語の授業」に遅刻すると罪悪感もある。この場合は時間がトリガーだ。

ぬか漬けは毎日混ぜなければいけないが、習慣づくまでは結構忘れてしまっていた。その時ぼくが使ったのは「卵を見る」というトリガー。ぼくは朝食に毎朝卵を食べるので、朝に卵を見ることと、ぬか漬けをかき混ぜるイメージを紐付けた。プログラミングをするように「○○を見たら○○せよ」と自分に書き込んだ。その後、ぬか漬けを混ぜる習慣のトリガーは「ぬか漬けを毎日食べること」自体に変わった。

習慣を鎖のようにつなぐ「チェインメイク」

ぼくは朝起きると、昨日の夜寝る前に敷いたヨガマットが目に入る。それがトリガーとなりヨガを始める。それが終わったらそのままマットの上に座り瞑想を始める。そしてヨガマットをベッドの下に片づける時に床を見ることになるので、その床のイメージを持ったまま、掃除機をかける。掃除をしたら、何かをきれいにするというイメージを持つのでそのままシャワーを浴びる。

ルーチンの終わりにする行為が、次の習慣を始めるトリガーになっている。そして習慣を鎖のようにどんどんつないでいく。ぼくはこれを「チェインメイク」と呼んでいる。

自分への手紙を書く

少し踏ん張りが必要な自分のために、先回りして用意してあげるのもいい。例えば朝起きていちばんにすることを、昨晩のうちに用意しておく。冬なら起きる時間に起きやすいよう暖房をタイマーでセットしておく。ジムへ行った後はお腹がすいてヘロヘロになっているので、帰ったらすぐに飲めるようプロテインを作っておく。走る時間の前に、ランニングウェアに着替えておく。

それは「今日もやろうね」「おつかれさま」というメッセージでもある。少し余裕のあるときの自分が、自分に対して手紙を書いているような感覚である。

STEP 24 大人の時間割をつくる

はっきりした計画は、選択という苦痛から解放してくれる。

——ソール・ベロー［★3—3］

「トリガー」の中でも、代表的なものが時間だ。朝起きるときにはアラームをかけている人がほとんどだと思うが、アラームの音が「起きる」という行為のトリガーになっている。

学校の授業は時間割に沿って行われる。チャイムが授業開始のトリガーだ。この時間割は大人にだって有効だ。ぼくは朝起きるだけでなく、夜寝る時にもアラームが鳴るようにしている。朝起きられないのはまず、睡眠時間が充分でないことが原因。寝る前は娯楽を楽しんでいる人が多いと思うが、それが盛り上がり過ぎるとどんどん就寝時間はずれていってしまう。だから誰かに「小突いてもらう」必要がある。1日の始まりは朝ではなく、夜寝る時間と考えるのもいい。

ぼくは1日のほとんどを時間割で過ごしている。図書館に行く時間は9時半。昼食は11時半。就寝時間の21時半にアラームが鳴り、翌朝5時にアラームが鳴る。

行動心理学の創始者であるスキナーは、自らの生活も実験のように厳格に律した。アラームによって執筆を開始し、終了する。机に座っている合計時間を計れる時計を使い、12時間ごとに書いた語数をグラフに記入した。自分の時間ごとの生産性を正確に把握しようとしたのだ。ある日、大抵夜中に目が覚めることに気づいた彼は、それすらアラームによってコントロールすることにして執筆活動にあてたという（メイソン・カリー『天才たちの日課』）。

時間割で行動するなんてバカらしい？

ぼくは1人暮らしの独身で自由を愛している。だから時間割を作ってその通りに行動するなんてバカらしいと以前は思っていた。時間割なんて、夏休み前に小学生が作るもの。そして計画した通りに実行できたことも記憶にない。突然何かしたいことが思い浮かんだらどうする？　その自由が時間によって制限されるなんてまっぴら、そう考えていた。

しかしである。朝起きる時間を決めていなければ、今起きるべきか寝ていてもよいのかベッドのなかで考え続けることになる。夜寝る時間を決めていなければ、連続ドラマや漫画にハマって「あと1話だけ、もう1巻だけ」を繰り返すこともあるだろう。翌朝の後悔より、目先の報酬を選ぶ双曲割引という心理があるのだから、これも当然だ。しかし、時間が決まっていればそんな悩みや苦痛からは解放される。

ネットを見る時間を決める

ぼくは朝にネットのニュースやSNSをチェックするが、それは時間を決めてやめることにしている。友人がツイッターでこんなふうにつぶやいていた。

「わからない英単語を調べていたら、いつのまにか火山噴火の動画を10分ぐらい見ている」。

「シンプル照明を探していて、気がついたら『野宿サバイブ動画』に行ってました」。

脳は浮気性だ。次々に興味関心が湧き、それが脈絡なくジャンプする。英単語から火山へ、照明からサバイバルへ。その脳の興味の移り変わりにインターネットは、「応えすぎてくれる」。だからそれをやめる時間をあらかじめ決めていなければやめることができない。

作家やアーティストはほぼ規則正しく働く

先にもあげたように『天才たちの日課』という本で紹介されている天才たちはほとんど規則正しい生活を送っている。ほとんどの人は朝型で、午前中にクリエイティブな仕事をすることに充てている。

例えば画家のフランシス・ベーコンをご存知の方は、隙間もないほど絵の具や画材で埋め尽くされたアトリエを見たことがあるかもしれない。雑然としたアトリエからも、激しい作風からもさぞかし奔放な生活なのだろうと想像してしまうが、実は仕事時間はきっちり決まっていて、夜明けに起きて正午まで。その後は確かに飲み歩いていたり奔放な生活だったが、仕事の時間は毎日決めて確保していたのだ。

ぼくがフリーランスになった後に感じた「自由がありすぎる苦しみ」は冒頭で記した。やはり時間で自分を律することはある程度必要だと思える。天才たちは思い付きで仕事をしたのではなく、きっちりと自分の仕事をする時間を決め、継続を続けた人たちなのだ。

締め切りの効果とは

「締め切り」というのも長い期間で見た時間割のようなものだ。編集者として長らく締め切りに追われることにうんざりしていたので、この本の締め切りも当初は設定しないことにした。原稿ができあがったら、発売日を決め出版する。それは、今となってはかわいらしい夢だった。

「締め切り」は悪だと思っていたが、少し考えが変わった。使いようによって天使にも悪魔にもなる。必要な時に自分をたしなめてくれる上司のような存在が「締め切り」だ。考えてみれば人生自体に寿命という締め切りがある。締め切りがあるから、日々を無為に過ごしたくないと思うのだ。

時間割で自分の限界を知る

時間割を決めておくことのメリットは他にもたくさんある。それは「自分ができる1日の作業量を正確に把握できる」ということだ。

ある研究によれば、人は何かやるとき、想定していた日程の1・5倍を目標達成のために費やしてしまうという。つまりぼくたちはいつも自分の能力を過大評価している。10日でできると思っていた仕事は、実際にはいつも2週間かかっていたりするということだ。これもひとつのスーパーマン幻想。耳が痛い。

ぼくが忙しかった編集者時代には、誰にも邪魔されない土日に出社すればものすごく仕事がはかどる気がしていたが、実際には思ったようには進まないことも多かった。明日1日丸々休みなら、たくさんの本が読める気がする。旅行に行く時は、足りなくなったら困ると本をたくさんスーツケースに入れたりするが、実際には1冊も読破できなかったりする。積ん読は、自分の「読書量」及び「興味の持続時間」の過大評価が原因で起こる。

できないことを明確に

時間割を作ってその通りに行動すれば、自分がどれくらいの作業でどれくらい疲れるのか、そしてそこから回復するのにどれくらいの休息が必要なのかもわかってくる。どの程度の習慣をこなしたら自分が満足感を感じるのかもわかる。

作業の総量が限界に近い時、さらに何かを足したければ、引くしかないこともわかる。ぼくは次々に趣味を増やしたいタイプだが、今はあまり増やしていない。ある時、DIYで軽トラの荷台にモバイルハウスを作ろうとしていたことがあるのだが、その時間が自分の時間割に収まらないことがわかった。以前なら、自分のふがいなさを責めていたところだ。しかしすでに時間割で動いていたので「今は物理的にそれが入らない」ということがはっきりわかり、他のことを優先できた。

時間割で動くことは、あやふやだった「自分のエネルギー」「1日でできること」の総量を「見える化」すること。無理のない買い物をするためには、まず口座に入っている金額を確かめなければならないように、自分の限界を知ることには大きな意味があると思う。忙しい学生や社会人でも、土日に時間割を作って行動するのもいいと思う。夏休み前の子どものように、時間割をあれこれ考えるのは結構楽しいものだ。

悩む時間を決める

さらに時間割の大きな役割がまだある。1日を時間で区切ってないということは、「悩む時間」や「不安な時間」も区切っていないということだ。

時間割にそって動けば、その時間の中ですることが決まっている。

そして時間割で動くと物理的に、「悩むための時間」がほとんどない。考える、悩むというのは何かを実行している時ではなく、その手が止まった時だからだ。適切に悩むことはもちろん必要だが、ただグルグルと同じことをネガティブに悩むような時間は減った。

いろいろな都合で習慣が達成できないこともたくさんあると思う。そんな時は○○があるからできない、ではなく○○を優先していると考える。仕事があるからできない、ではなく仕事を優先している。運動より、読書の時間より、いちばん大事な子育てを優先している、という人もいるだろう。○○があるからできない、と思えば何より大事な自分の感情を傷つけることになってしまう。できないことよりもできていることに目を向けていこう。

STEP 25 集中力なんて誰にもない

この本の原稿を書いている時、自分の集中力がどれぐらい続くものなのか時間を計ってみたことがある。集中力が途切れてノートパソコンのキーボードから手が離れた時に、どれぐらいの時間が経過したのかチェックしていた。平均はだいたい20分程度で自分でも集中力がないなと思ったが、そうでもないようだ。

TEDのトークは18分の長さに設定されている。それはどんなにおもしろい話でも人が集中して聴ける長さの限界は18分だという前提に基づいている。

ポモドーロ・テクニックという集中の方法があるがこれも大体長さは同じだ。25分のタイマーをセットし、その間は集中して何かをする。それが終わったら5分程度の小休憩を挟む。それを4回繰り返した2時間ごとに長めに休憩を取る。

瞑想中に考えないようにしようと思っても、つい意識はどこかへ散歩に出かけ何かを勝手に考え始めている。意識というのはそもそもそういうものだから、それを長時間集中に向かわせようとするのは難しいと思う。

集中力の問題を考えても時間割での仕事術は効果的になる。『習慣の力』のチャールズ・デュヒッグの仕事術は、毎日8〜10時間デスクに座ることだという。「仕事が楽しい、楽しくないかは関係ありません。長時間デスクに座っていれば、自ずと仕事は回り始めます」（Lifehacker『仕事に没頭することで世界を変えたい：『習慣の力』の著者チャールズ・デュヒッグの仕事哲学』２０１４年2月6日）。楽しいかどうかではなく、デスクに座る時間をまず決める。その時間デスクに座ってさえいれば、集中力が途切れようが、あくびをしようがいつかは仕事に戻ってくることになる。

ぼくも「自分の集中力を高める」という無謀な挑戦はしないことにした。もちろんそれは高められるものかもしれないし、人によって違いがあるかもしれない。しかし「人には集中力なんて元々ない」ことを前提に仕組みを作ったほうが有益だと思うようになった。

ハードボイルド作家のレイモンド・チャンドラーも、「書けなくても、とにかく机の前に座ること」を重視していたという（『考える人』２０１０年夏号）。書けなくても他のことをせず、ただじっと机に向かう。集中力は途切れ続けるのだが、それでも1日の仕事時間が終わった時には、細切れの寄せ集めでも何か結果として残っているものだ。

STEP 26 日付で行動する

日付で行動をする。これも時間で行動するバリエーションのひとつだ。ぼくは毎月1日を「雑事デー」としている。持っているモノは少ないが1カ月に1回ほどは片づけが必要だし、ここで大掃除ならぬ「中掃除」をする。他にも領収書をまとめたり、パソコンのブックマークを整理したり、書類をスキャンしたりする。毎日するほどでもないがしばらく放っておくと「うぅ、やりたくねぇ……」と面倒なものになる雑事をまとめてする。

ひとつひとつはおもしろい仕事ではないが、まとめてすることで達成感もある。日常の些細なイライラがなくなり、いつもの習慣を支えてくれる行為だと思えば意義も感じる。

「落ち着く」日は来ない

部屋の片づけなどは特にそうだが、切迫しておらず、しなくてもなんとかなってしまう問題は「いつかやろう」「落ち着いたらやろう」と思ってしまう。ぼくは38年間生きているが「あれ？　今落ち着いてる？　来たよ、これあのとき思ってたいつかじゃない!?」などと思ったことがない。きっとそんな時はこれからも来ない。だからやらなきゃと思うことがあったら、先に日付を決めておくことが重要だ。

たとえば禅の修行僧は日付でやることが決まっていて参考になる。

●4と9のつく日は、剃髪と丁寧なそうじ

●1、3、6、8がつく日は托鉢

日付ですることが決まっていれば「髪そろそろ伸びてきたけどどうしようかな、明日でいっかな、来週までイケるかな？」などと考える必要がなく、意識を使わずに行動ができる。ジムに通い始める日や、特別な何かをする日も先に手帳に記入してしまうのがいい。これを書きながら今ぼくも手帳に「歯医者に行く」と書き込んだ……。

曜日を基準に行動するのもいい。ぼくの友人は、「金曜日は嫌な仕事、気の乗らない仕事をする」ことに決めているという。そういう仕事は月曜日に見るとやる気をなくしてしまう。だから週末を目前に、少々浮かれた金曜日のテンションでこなしてしまうのだそうだ。

STEP 27 習慣は自分との約束

習慣というのは自分との約束だと思う。まずは自分との打ち合わせだ。これこれを習慣にしませんかという話し合いの場が持たれる。その際に工夫すべきこともいろいろと議論する。そして、この日時にこの習慣を実行しましょうなどと合意に至る。そしていざその時間が来たときに、習慣を実行できなければ、自分との約束をすっぽかしてしまうようなものだ。友達と遊ぶ約束をしたが、待ち合わせ場所に行かないのと実質的には同じだ。

そうして約束をすっぽかされ続けたら、その友達のことは信用できなくなるだろう。習慣の場合は、自分で自分のことが信用できなくなってくる。この状態は結構つらい。自分というのは友達以上に長く付き合っていかなければいけない人物だから。自分との予定は、いちばん大事な友達との予定と考える。よほど特別でない限り、何か楽しそうなお誘いがあっても「いちばん大事な友達との約束」を反故(ほご)にすべきかどうか考える。

自分が決めた習慣をきっちりやり遂げた時、自分との約束を自分という人間は守ってくれるんだなと思える。これが習慣を達成したときに自己肯定感が上がる理由だと思う。信用できる一人の人間として、私が私によって肯定される。ダメなところもたくさんあるけど、約束は大体ちゃんと守る誠実なやつ。なかなか見どころのあるやつだよと思えれば上出来だ。

STEP 28 仮のごほうびを設定する

人は常にトーラー（ユダヤ教の聖書）を苦労して学ぶべきだ、それ自体のためでないとしても！　なぜなら、それ自体のためでなく学んでいるうちに、やがてそれ自体のために学ぶようになるかもしれないから。

――マイモニデス［★3―4］

習慣を身につけようとする時に、運動でもダイエットでもそうだがいきなり効果は出ないので、報酬を感じられず苦しいことがある。だから仮のごほうびを設定することも有効だと思う。

ぼくは以前、引っ越しに伴ってジムを変えたことがある。変更した後のジムは24時間営業しているので行く機会は増えると思っていた。しかし、実際は以前よりも行く頻度が減ってしまった。不思議と足が向かない。なぜかと考えているうちにふと思い当たった。新しいジムにはシャワーしかないが、以前行っていたジムには大きな露天風呂があった。ぼくは運動の後に、大きなお風呂に入ることを無意識にごほうびにしていたようだった。

仮のごほうびの例

先に書いた「雑事デー」も毎月1日は映画が安くなるので、それをごほうびにしたりする。作家の角田光代さんは、43歳でフルマラソンに挑戦したことから始まり様々な運動に挑戦している。『なんでわざわざ中年体育』というエッセイの中で、角田さんはごほうびの重要性についてこう書いている。

「飲み会、高カロリーなごちそう、エステ、マッサージ。「この苦しみが終わればアレが待っている」のアレはかなり重要だと思います」。

●運動のあとのキンキンに冷えたビール
●早起きのごほうびに、美味しいパンを朝食に用意

こういった仮のごほうびの効果はあなどれない。そして、マイモニデスが言ったようにそのごほうびを求めていくうちに「習慣を成し遂げられたこと自体」を報酬と感

じられるようになっていく。するとごほうびなしでも、習慣を維持していけるようになる。

習慣を難しくする原因　相反するごほうびを与えてしまう

ごほうびに関して気をつけなければいけないのは、目標に対して成果を感じた人ほど、その手を緩めてしまうことがあるということ。ある調査で、ダイエット中の人にリンゴかチョコバーを選択させた。すると体重を量りダイエットの成果を感じた人の85％がリンゴではなくチョコバーを選んだ。反対に体重を確認しなかった場合は58％しかチョコバーを選ばなかったという［★3―5］。

これも耳が痛い話だ。ぼくも朝に体重計に乗って体重が減っていると、その日の食事内容がゆるくなるのを感じる。人はダイエットの達成のごほうびとして、ダイエットと相反するごほうびを与えてしまう。

ごほうびは達成したいものとは別のジャンルで与えたほうがよいものなのだろう。ぼくは断酒を目標にしていた時、スーパーでお酒を買うのを我慢できたら代わりにハーゲンダッツを買うということを時々やっていた。苦い薬を糖衣で包むように、目標とする習慣とごほうびを組み合わせるわけだ。

ただし仮のごほうびは、初期は効果的だと思うがあくまで習慣自体の報酬を感じられるようになるまでの「つなぎ」と考えておくのがいい。

STEP 29 動機や報酬は複数持つ

たとえばランニングを習慣にしたいと思ったときの動機はダイエットとか、健康に関することが多いと思う。

しかし、これだけを目的にしたのではなかなか続けるのが難しい。先にも言ったように、なかなか成長というのは感じられないものだから。ランニングをしてもお腹が空くのでその分食べてしまったりしてなかなか痩せない。健康になっているという実感だって乏しい。

しかしランニングに「アイデアを生むため」という報酬があればどうだろうか？ぼくは走っているとアイデアが浮かんだり考えが整理されたりするので、仕事の一貫だと思っている。それができなければ仕事もうまくいかないので、やらざるを得ない。今は河川敷を走っているので自然を感じることだってできる。桜が小さなつぼみから咲き始め、満開になり、葉桜になり、という一連の移ろいを感じられる。ランニングする動機は「身近な自然を感じるため」でもある。

考えを整理したり自然を感じることは、健康という曖昧なものと違ってすぐに得られる報酬だ。そういうすぐに得られる報酬がありつつ、長い目でみればダイエットや健康にも寄与していると思うと続けやすくなる。

ぼくの英語でいえば、今は毎日オンラインの授業を受けているが英語が伸びていく実感はなかなか感じられない。しかし、毎日誰かと話す楽しみを得ていると思うとまた見方が変わる。英語でオンラインの授業さえ続けていれば、年を取っても話し相手には困らないかもしれないと思ったりする。

児島秀樹さんは、自分が住む東京の街で、朝5時半からのゴミ拾いを8年間も続けている。彼にゴミ拾いを続けさせた動機は、①何か具体的に社会に役に立つことがしたい。②自分で何かことを興したい。③自分の街のことを何も知らない。④仕事の方向性で悩んでいた。⑤吃音で苦しんでいた。という5つだった。

児島さんは10年も同じ街に住んでいたのに、自分が住む街のことを知らないし友達もいなかった。しかし、ゴミを拾っていくうちに参加者が増えコミュニティができていった。ゴミ拾いから始まった活動は街に花を植え、ミツバチを育てるプロジェクトへと次第に広がっていった。環境についての講座を開くことで、人前でうまく話せるようにもなった。そしてそれは児島さんの仕事にまでつながった。都市環境に関わる会社に新たに就職することになったのだ。児島さんが始めたのはたった一人のゴミ拾いという小さなことだが、それが雪だるまのように大きく成長していったのだ。彼は何かを継続する動機は3つ以上あったほうがいいと考えている。習慣の時間割を作ったあとに、その習慣の複数の動機や報酬を明確に書いておくのもいい方法だ。ぼくの例で言えばこうなる。

- ●起床して、原稿を書く（これさえできれば1日の満足感が得られるもの。自分の頭で考える時間を作る）
- ●英語を話す（選択肢を増やす未来のための投資。誰かと話す楽しみ）
- ●ヨガ（体調を整える。姿勢を整える。頭ではなく身体と向き合い、身体との距離を縮める）

続けなければいけない動機、すぐに得られる報酬も合わせて明確にしておけば、やめたくなったときにも、改めてその習慣に向き合いやすくなる。

STEP 30 人の目をうまく使う

You make me wanna be a better man.

——映画『恋愛小説家』

人の目なんて気にせず、自分のやりたいことをするのは確かに大事だ。だが、習慣をテーマに考えるようになって、人の目は気にするものではなく、「うまく使うもの」だと思うようになった。そしてこれは習慣のステップの中でも最も効果的なもののひとつだとぼくは考えている。

人は将来の報酬よりも、目の前の報酬を評価してしまう。この人の本能とも言える性質に対抗できるのが「人の目をうまく使う」ということだからだ。

異性の目をうまく使う

まず卑近な例をあげよう。ぼくの友人の女性は、美容師さんがイケメンだとヘアケアに力が入るそうだ。堀江貴文さんもジムのトレーナーは美人の女性を選ぶそうである（ホリエモンチャンネル『ホリエモンのQ&A vol144〜嫌な事の続け方⁉〜』）。

ヘアケアや筋トレをしても短期間に成果が手に入るわけではない。その報酬は遠くにあるので続かないこともある。そして異性の目は、特別な異性でなくても気になるものだ。ヘアケアやトレーニングをサボれば、異性にがっかりされるし、がんばれば褒められる。とりあえずその目の前の罰則や報酬を元に行動することが有効な手段になる。

人が報酬と感じることはいろいろあるが「人との交流」「他人からの評価」というのは本当に大きな報酬のひとつだ。人はなぜ、人の目がこんなに気になってしまうのか？

人の評価がなぜこれほど気になるのか？

生殖に直結する異性との関係は想像しやすい、それは生存競争にとって一大事だからだ。そして人は長い間数十人のコミュニティで過ごしてきたので、その中での地位や評判が恐ろしく気になってしまう。人は1人では満足に狩りもできないので、その中で仲間外れにされることは、そのまま生命の危機を意味する。

人がSNSの「いいね」に翻弄されたり（自分もそうだ）、相手からの批判をやり込めたりしてしまう原因はこれだ。SNSで批判されることは、かつて所属していた小さなコミュニティ内で悪い噂を立てられ、今いる地位からの「引きずり下ろし」に近い行為に思えてしまう。知性の高い人でも、どうということのない匿名の誰かから批判されただけで、猛然とそれに抗議してしまったりするのはこのためだ。

人々がゴシップにどうしても惹きつけられてしまうのは、ゴシップ＝悪評を立てるという「引きずり下ろし」が蜜の味がするからなのだろう。

死の危険よりも、コミュニティが優先

人は、たとえ死の危険があったとしてもコミュニティからの期待に応えようとすることもある。1964年、「ミシシッピ・サマー・プロジェクト」という黒人の選挙登録を進める活動にアメリカ中の大学生が応募した。しかし、過激な白人に危害を加えられる可能性があり（実際に3人のボランティアが殺害された）、合格した1000人の学生のうち300人が辞退したという［★3―6］。

社会学者ダグ・マカダムは、辞退した学生と、危険を知りながら参加した学生で何が違うのかを調べた。まず参加の「動機」には大きな違いはなかった。そして仕事の忙しさや結婚しているかどうかなどの「個人的状況」も関係なかった。違いは、所属していた「コミュニティ」にあった。参加した学生は、「その学生がミシシッピに行くこと」を期待しているコミュニティに所属していたのだ。

政治活動や宗教上のコミュニティに友人、知人がいると「行かなければ社会的な立場を大きく損なってしまう」とダグ・マカダムは言っている。自分にとって重要な人々からの、敬意を失ってしまうもちろん黒人の選挙登録という、公正さへの熱意もあったに違いない。しかしそれだけではなく、コミュニティ内で評価を下げたくない

という気持ちが、危険性が高い参加を後押ししたということだ。

スポーツで成果を出す唯一の方法

スポーツで成果を出そうと思ったら、何より高いレベルのチームに所属することが重要だ。社会学者のダニエル・チャンブリスは競泳の選手の練習に6年間にわたり同行しインタビューをした。彼は、偉大な競泳選手になるには偉大なチームに入るしかないと主張する。「周りの誰もが4時起きして練習に行くような環境にいたら、自分だって自然とそうなる。それが当たり前になるんです。習慣になるんですよ」と言っている（アンジェラ・ダックワース『やり抜く力』神崎朗子訳、ダイヤモンド社）。レベルの高いチームに所属すると、その集団と足並みを揃えようとし、切磋琢磨し合うようになる。

これは一般の人でも同じで自分のレベルに応じたチームを見つければいい。皇居ランをするなら、一緒に走る相手を見つけると続けやすくなる。

ＳＮＳを利用する

実際のコミュニティだけでなく、ＳＮＳをうまく使うのも有効だ。ぼくは初めてのフルマラソンに参加する前に、参加表明をツイッターでつぶやいた。かなり意識的にそうした。フォロワーは当時は５０００人ほどだったが、マラソンの結果もまたツイッターで報告するつもりだった。

那覇で行われた初参加のマラソンは高温で、半数しか完走できないという過酷な大会だった。両足のふくらはぎがつり、足はむくんで靴のなかでパンパンになった。しかし「ここでリタイヤすれば５０００人の人間に、情けない人間だと思われるぞ」という思いが完走の達成にも役立ったように思う。誰にも言わずにこっそり参加していれば、途中でリタイヤしていたかもしれない。

武井壮は、なぜがんばれるのか

武井壮さんは忙しい芸能生活の中で、毎日1時間のトレーニングと1時間自分が知らないことを調べることを習慣にしているそうだ（PRTIMES『「1日1時間。その中で自分を成長させる！」武井壮が明かす『自分史上最高の作り方』」）。なぜそれができるかといえば「自分のためじゃないから」「フォロワー（ツイッターのフォロワーは現在１５０万）をがっかりさせたくない」という思いがあるから。そして何も武井さんのようにフォロワーが多くなければ同じ気持ちになれないわけではない。人は数十人の小さな群れや村をコミュニティの単位としてきたのだし、相手はたとえ1人でも効果的なこともある。

コミュニティは1人でもいい

ぼくは甘いものを断とうと思い立った時に「断糖同盟」というものを作ったことがある。同時期に甘いものを断とうとしていた友人と、甘いものを食べてしまったらお互いに報告することを約束した。罰則もわかりやすく明言した。ひどい話だが「もし破ったら、ぼくはあなたを「ふーん、その程度か」と思うことにしますので」と伝えた。自分が破ってもそれは同じ。甘いものを我慢するような時、相手の顔がよぎれば少しは踏ん張りが効く。実際にその友人は甘いものを今も断ち続けている。

最近では「ペア読書」という仕組みを使っている人もいる。30分など時間を決めておいて2人で同じ本を読む。そしてその内容について議論する。実際に会わなくても、議論はLINEなどでもできる。時間の制約もあるし、議論するためには本を深く理解し、自分の考えを整理しなければならない。だから普通の読書よりも負荷をかけて読むことができるというわけだ。

見られていないと行動が変わる

同じ人でも、自分の行いが誰かに見られているかどうか、その行いの結果が誰かに伝わるかどうかで恐ろしく振る舞いが変わる。

- ●誰かに見られていると思うと姿勢を正したり、マナーに気をつける
- ●カフェや図書館などまわりに人がいたほうが仕事がはかどり、家だとダラダラする
- ●匿名だと悪口を言いやすくなる
- ●密室的な車の中だと気が荒くなったり、大声で歌える

人の目を気にしてしまう。コミュニティ内での評判が気になるということは、ともかく人間の本能に近いものだ。それに翻弄されてしまうのは苦しいが、それを意識的に取り込んで使うと絶大な力を発揮する。

STEP 31 先に宣言する

やるべきことを先に宣言してしまう、というのも人の目を使うバリエーションで、絶大な効果を発揮する。

フィギュアスケートの羽生結弦選手は、２００８年の全日本選手権に出場した時、8位になりこう宣言した。

「日本には荒川静香さんの五輪金メダルがあるので、ぼくが日本で2人目の五輪金メダリストになりたいです」。当時は14歳で、子どもの台詞だとして報道されなかったという（AERA dot.『羽生結弦が明かす言葉のメソッド「大きなことを言ってグワッ」』２０１８年3月20日）。羽生さんはこういった事前に宣言する言葉の力をとてもうまく使っているアスリートだ。

部屋を片づけてモノを減らす時に使えるのは「未来日記」。ＳＮＳで「これを手放しました」と手放す前に書いてしまう。そうするとＳＮＳと現実を矛盾させる気持ち悪さが罰則になって実行しやすい。

この本を書く時も先に宣言した。ここで白状するがブログで「次回作のテーマは習慣です」と宣言してからようやく本気になった。締め切りを作るということも、コミユニティの力を有効活用することになる。締め切りを破るということは関係者に迷惑をかけることになるからだ。

宣言してしまえば、自分は嘘つきだとか怠け者だとか思われたくないのでがんばる（まぁそれでも迷惑かけまくりなんですが）。おそらく宣言や締め切りの設定なしでは、この本はまだ出版されていないと思う。

罰則を作る（コミットメント）

「先に宣言する」という仕組みを実際にビジネスにしてしまった人もいる。『ヤル気の科学』のイアン・エアーズだ。たとえば○○kgまで痩せるなどダイエットの目標を決め、それを達成できなければ10万円払う、など大きな罰則を決める（コミットメント）。

禁煙中にタバコ1本吸ったら、自分の大嫌いな政治団体に寄付する、という効果的なアイデアも本の中で紹介されている。イアン・エアーズが作ったサービスでは自分が決めた罰則をＷｅｂに登録し、第三者が進捗状況を判断する。

ダイエットや禁煙のように、できたら嬉しいができなくてもすぐに大きな罰則はない、というような問題にこれは効果的だ。罰則の内容や金額は、かなり大きくすることがコツ。そうでなければ「1万円払えばダイエットやめてもいいんだよな?」という話になってしまう。

STEP 32 第三者の目線で考える

自分というものはひとつの人格などでは決してない。

1章で見たように脳には、本能的なホットシステムと理性的なクールシステムがあり、一方が活性化すると、もう一方は不活性化する。そして自分の行動を司るのは意識で開かれる「国会」のようなものだったことを思い出そう。

矢沢永吉さんは宿泊するホテルの手配に不備があった際「俺はいいよ、でもYAZAWAがなんていうかな?」と言ったという伝説がある。2つの自己に矢沢永吉さんのように名前を付けてみるのもいいかもしれない。ぼくの場合なら本能的な「ダメオ」と理性的な「FUMIO」だ。もう1人の自分で自分を監視する。「あぁ、だるい、もうやめたい。でもFUMIOがなんて言うかな?」。

こんなふうに第三者の目線を取り入れてみることにはさまざまなバリエーションがある。

●将来の自分に考えさせる

予防医学研究者の石川善樹さんは、何かに誘惑されると「30年後の自分に問いかけさせる」という。「お前は今夜飲み会に行くべきなのか？　それとも研究に邁進すべきなのか？」と問いかければ、研究に励みやすくなるそうだ（ねとらぼアンサー『習慣を作るには「負の感情」に注目せよ――予防医学研究者・石川善樹さん』２０１５年10月19日）。

●自分を気にかけてくれる存在

グレッチェン・ルービンは仕事を入れるかどうか迷う時、「私のマネージャーならなんと言うだろうか？」と考えるという（『人生を変える習慣のつくり方』）。映画『あの頃エッフェル塔の下で』にはこんな台詞が出てくる。「自分に対して、自分を見守る兄のように接する」。甘すぎず、厳しい助言も時には言ってくれる兄のような存在で考えてみるのもいいかもしれない。

●架空のカメラを考える

「今この瞬間が『情熱大陸』の撮影中だとしたらどうするか？」「来週『ａｎ・ａｎ』のＳＥＸ特集の撮影があるとしたら今日はどうするか？」『情熱大陸』の撮影中なら、鼻をほじったりゴロゴロしたりはしていられないはずだ。来週セクシーなグラビア撮影があると思えば、トレーニングにも力が入るかもしれない。

●尊敬する人物ならどうするか？
『お熱いのがお好き』などで知られる映画監督のビリー・ワイルダーの書斎には「ルビッチならどうする？」という紙が貼られていたそうだ。映画監督のエルンスト・ルビッチはワイルダーの師にあたる。脚本に詰まると尊敬する師の視点で考えるようにしていたのだろう。そして師匠は世代によって移り変わる。三谷幸喜さんは「ビリー・ワイルダーならどうする？」と考えるそうだ。

信仰心のある人は一般的に自制心が強いが、誰にも見られていなくてもいつも神によって見られていると考えるのだろう。日本語にも「お天道さまが見ている」という言葉がある。第三者の目線で考えてみることは、本質的に何かを変えるようなものではないが、ここぞという苦しい場面で踏みとどまれるテクニックのひとつである。

STEP 33 途中でやめる

習慣が軌道に乗ってくると、何か調子がいいなと思う日がある。ぼくも走っている時、いつまでも走っていられるような感覚を持つことがある。しかしそこで、自分の限界を見たくなり、疲弊しきるまでランニングをしてしまうと、どこかでランニング

＝苦しいものという印象が脳に残り、次回始める時に影響してしまう。

習慣は一度の達成より続けることを重視するので、もっとやりたいと思うところでやめる。途中でやめる。8割ぐらいでやめる。そうすれば、楽しいままの印象で終わる。ぼくもギターや英語の勉強も苦しくなるまではやらない。だから次の日もやりたくなる。なんだか楽しくなくなってきたかも、というところまではやらない。

筋肉は限界を超えて傷ついた時にさらに成長する。一流のアスリートはコンフォートゾーン（快適な領域）を超えて苦しい練習をする。しかし、そういうのは習慣が身についた後の、もっとずっと先の話でいい。

ヘミングウェイも途中でやめた

途中でやめることは、作家のように長い期間の取り組みを要する仕事についても効果的のようだ。

ヘミングウェイもいつも途中でやめていた。雑誌のインタビューで仕事術をこんなふうに答えたという。

「まずは前に書いた部分を読む。いつも次がどうなるかわかっているところで書くのをやめるから、そこから続きが書ける。そして、まだ元気が残っていて、次がどうなるかわかっているところまで書いてやめる」（『天才たちの日課』）。

ヘミングウェイは、「始めることの難しさ」を熟知していた。次の話がどうなるかわかっているところから始めれば、くよくよ悩まずにスタートを切れる。スタートさえ切れればやる気が生まれ脳が集中を始めてくれる。これは会社員にも応用可能だ。キリのいいところまで仕事を終えてから帰宅したくなるものだが、それでは明日の仕事を手がかりがないところからスタートしなくてはいけなくなる。企画書を書くのなら、完成させるのではなく途中まで手を止めておいたほうが、明日の仕事のスタートをうまく切れる。

村上春樹は徹底して途中でやめる

村上春樹さんも同じで、徹底している。4000字、原稿用紙に10枚書いたところで書くのをやめるという。雑誌のロング・インタビューではこう言っている。

「8枚でもうこれ以上書けないなと思っても何とか10枚書く。もっと書きたいと思っても書かない。もっと書きたいという気持ちを明日のためにとっておく」（『考える人』2010年夏号）。そして6枚書いて、ドラマチックな展開を見せる章を書き終わったとしても、続けて次の章の4枚を書くのだという。要するに物量で決めていて、形式上のキリがいいところではやめないということだ。

作家のアンソニー・トロロープは「小さな仕事を毎日続ければ、気まぐれなヘラクレスが成し遂げられる以上のことをできるだろう」と言ったという（『WILLPOWER 意志力の科学』）。1日に大きな達成をするのは気分がいいものだ。しかしたまにする大冒険より、毎日の継続を重視したほうが長い目で見ると遠い目的地までたどり着ける。

STEP 34 完全にやめない

小さな過ちは、慎重に巻いた糸の玉を落とすのも同然だ。一度落とした糸がほどければ、その何倍もの数を再び巻くことになる。

——ウィリアム・ジェームズ（『心理学』）

メジャーリーグがオフシーズンになると、選手はみな故郷に帰る。しかし、オフになってもイチローだけが球場に現れ練習を始める。イチローはこんな風に言っている。「一度休みをとってみようとしました。それが助けになるか確かめようと、1ヶ月ワークアウトを行いませんでした。すると、自分の身体のように感じなくなってしまいました。体があたかも病気のように」（Full-Count『なんで休みたがるのか——地元紙が特集、イチローがオフも練習を続ける理由』２０１７年10月21日）。

必ず一度は別の方法を試しつつも、他の選手の方法とは反対を行く。本物の求道者を感じるエピソードだと思う。イチローが大事にしているのは「完全にやめない」ということだ。

作家のジョン・アップダイクもインスピレーションを待つのではなく、毎日書くことを日課にしていた。その理由は「書かないことはあまりにも楽なので、それに慣れてしまうと、もう二度と書けなくなる」ためだと語った（『天才たちの日課』）。

1年ぶりの猪は恐ろしい

猟師の千松信也さんからこんな話を聞いたことがある。日本で狩猟できる期間は冬の数ヶ月しかない。だから次の猟期が訪れて一年ぶりに猪と相対する時には「猪ってこんなに怖かったっけ」と思うそうだ。

ぼくにとって「本を書くこと」もこれにあたっていて、とても反省した。約2年ぶりに原稿を書き始めると、こんなにも難しいことかと思わされた。車輪を完全に止めてしまわないほうが遥かに楽であることを思い知った。

習慣の神様、アンソニー・トロロープの仕事術

作家のアンソニー・トロロープの言葉は先ほども紹介したが、彼はぼくにとって習慣の神様のような人物だ。本職は郵便局員で、イギリスにある赤い郵便ポストを創案したのは彼である。彼は出勤前の2時間半を執筆に充てることを自分に課していた。フルタイムで働きながら、47篇の小説と16の著作を残し、文学史上でも多作な作家とみなされている。

多作の秘訣は、終わったらすぐに次の作品に取りかかるということ。ある時彼は600ページの大作を完成させた。普通の作家なら、打ち上げに出かけたり、たっぷりバカンスを取りたくなるところだ。しかしいつもの2時間半まで、15分ほど時間が余っていたので彼は完成したばかりの作品に「完」と書き込むとそれを脇に置き、すぐに別の作品に取り掛かった。

ピアニストやギタリストは1日でも楽器に触れないと、感覚が鈍るという。1日手を触れないと3日分の練習の成果が失われるという人もいる。1日でも触らないと上達しないだけではなく、培ってきたものが損なわれる。ぼくにしても3、4日運動しなかっただけで、その前の調子に戻るには労力がかかる。走ればいつもより息が上が

るし、ウェイトも重い。ウィリアム・ジェイムズの言うように、それではせっかく巻いた毛糸を落としてしまうようなものだ。

習慣から離れるほど、再開が苦しくなるのを実感する。だからなおさら間を空けたくなくなる。習慣が進むと、なおさら習慣が強化されるという仕組みだ。

STEP 35 毎日やらないことは下手になる

フィリピンの学校で英語を勉強していた時のこと。その学校では土日は授業がなかった。そして土日を、日本人の学生と日本語だけを使って過ごしていると、月曜日に英語が出てこなくなることに気づいた。この現象はたくさんの先生が指摘していたので、もはや「英語学習あるある」なのだと思う。

今はオンラインで英語のレッスンを受けているが、現象は同じ。都合が悪く2、3日レッスンを受けられないと英語が出てくるのにつっかえる感じがある。留学して英語漬けの毎日を送っていたとしても、日本に帰ってまったく英語を使わず、きれいサッパリ忘れてしまったという人は多い。

毎日やらないことは下手になる。英語はやらなければ忘れ、ストレッチをやらなければ身体は硬くなり、筋トレしなければ身体はプニプニになっていく。

1日の習慣に組み込まれていないものは下手になる。これは残酷なようだが、マイナスだけでもない。あれもこれもやりたいなと思っても、結局毎日やっていないことは物にはならないということが実感できるからだ。ならば本当にうまくなりたいものだけを優先して1日の習慣に組み込んでいく。習慣で隙間なく埋めてみても、1日というのは本当に短く、できることはあまり多くはない。この1日に取り入れられなかったものは、結局この人生には取り入れられないものだったのだと割り切れて、気が楽でもある。

毎日やっても成長が見込めないこともたくさんある。ぼくはそんなのばかりだ。しかし、やらないと下手になるのなら、現状維持できているというのは誇って良いことかもしれない。現状維持できているならば、ほぼ前進しているのと同じではないだろうか?

STEP 36　習慣を記録する

毎朝、体重計に乗るだけで太りすぎの人は体重を落としやすくなることが報告されている。毎日体重計に乗ることを考えると、そのことが頭をかすめて食生活に意識的になるからだ。翌朝に体重が増えていれば後悔して気持ちがふさぐ。それが罰則にな

る。罰則を避けるために、目の前の美味しい食べ物をセーブできる。習慣を身につけ
る時にも、こんな記録の効果を使わない手はない。

スマホのアプリで習慣を記録する

ぼくはスマホの「Way of Life」というアプリで毎日の習慣を記録してい
る。「早起き」「ヨガ」「運動」「原稿を書く」など項目ごとに分かれていて、習慣が達
成できたら緑、達成できなければ赤色でその日の習慣を記録していく仕組み。同様の
アプリはいろいろあって「Momentum（モメンタム）」なども有名だ。
嬉しいのは連続して達成すると、効果音とともにどんどん数字が積み重なっていく
こと。

ブログを書くことを習慣にしようとした時、連続して続けられたのは52日間だった。
ここまで来ると続いたものをなんとか途切れさせたくないという動機も働いてくる。
アメリカのコメディアン、ジェリー・サインフェルドはジョークのネタが作れた日
はカレンダーに「×」をつけていったという［★3―7］。「×」は続けるとつながっ
ていって鎖のようになる。「そのチェーンを見るのがだんだん好きになってくる。数
週間分の長さになれば特別な気分だ。次の目標は、そのチェーンを途切れさせないこ

とになる」と彼は言っている。習慣をやめる＝チェーンを途切れさせることが追加の罰則となって、さらに習慣を続ける誘引になるということだ。

人の記憶は曖昧

記録しなければ、人間の脳は恐ろしいほどに都合よく記憶を書き換えてしまう。ぼくの通っているジムでは、マシン自体が何度ウェイトを挙げたか記録してくれるのだが、自分では「よっしゃ‼　10回挙げた」と思っても、マシンではまだ8回みたいなことが何度かあった。愕然とした。苦しさを避けようとしてどこかで数字をはしょってしまったようで、なかなかに愕然とした。習慣にしても記録せずに「まあまあ、よくやっているほうかな？」という印象だけで考えていると自分に甘すぎる時もある。

習慣の記録は毎日つけることを心がける。習慣が達成できた時は放っておいてもノリノリで記入するが、気をつけるべきは達成できなかった時だ。

ぼくはここ数年体重を量ってきたが、飲みすぎ食べすぎの次の日は、結果が悪いのがわかっているので体重計に乗らないことが多かった。結果が悪いことを知っているので、そもそも体重計に乗らないというライフハック（ズル）だ。体重が増えていても、やはり毎日乗らなければいけない。その後悔の気持ち、罰則が次へとつながるのだから。

これはなかったことにしよう

習慣を難しくする原因

他にも記録をつける時に「今回のこれは、今日のあれはなかったことにしよう」と考えてしまうことがある。旅行中だから、体調が優れなかったから、いつもと違うことが起こったから。なかったことにできる理由などいくらでも増えていく。先にあげた「Way of Life」というアプリでも「スキップ」という機能がある。つまり今日は例外という印に使うのだが、使いすぎるとスキップだらけになる。達成できたかどうかだけを、ドライに記録していこう。

できたことリスト

ぼくはダラダラしていた半年間で落ち込んでいた時、できたことリストを日記に書いていたことがある。

●面倒なメールに返信できた

●欲しい靴の値段を調べた
●ゴミを出した。税金を支払った
●パイナップルの皮の剝き方を覚えた

「今日は何もしなかったな」とよく人は考えてしまい落ち込んでしまうものだが、書き出してみればそれなりに用事をこなしたり、するべきことの準備をしていたりするものだ。「できたことリスト」を書くことは、さらなる落ち込みを防いでくれたと思う。

進捗状況が後押ししてくれる

記録のいいところは自分の努力が形になると、さらにそれを後押ししてくれること。

ポイントカードについて、コロンビア大学で行われたこんな調査がある［★3—8］。カフェに来店するとポイントが1個もらえ、一定数たまるとコーヒーが無料になる。

Ⓐ ポイントがゼロのまま渡し、10個ためるとコーヒーが無料

Ⓑ すでにポイントが2個押されたカードを渡し、12個ためるとコーヒーが無料

無料のコーヒーを飲むためにポイントを10個ためなければいけないのは両方同じだが、Ⓑのほうが無料のコーヒーを得るのが、平均2割も早かったという。ゼロの状態ではなく、少しでも「進んでいる」という感覚があると、その行為に勤しみやすくなるという例だ。

ヘミングウェイは自分の書いた語数を毎日記録し、表にしていた。アンソニー・トロロープも15分に250語書くことを自分に課し、語数を数えていた。それに倣ってぼくもこの本の原稿を書くときは、毎日書いた文字数を記録した。これにはその日の仕事を終えたという満足感に、さらに一品足してくれるようなほのかな嬉しさがある。進捗状況の記録には「勝利を祝う」意味もあるのだ。

STEP 37 必要な休みは、全力で取る

習慣を続けるために重要なのは、どれぐらいの休みがあれば自分が回復するのか把握すること。次の日に回復していないのであれば、どこかで無理が生じる。小さなひ

ずみは段々大きくなり継続が難しくなる。

まず大事なのは、必要な睡眠時間がどれくらいか正確に把握することだ。ぼくはアラームをかけずに自然に目が覚めた時の睡眠時間を何度か記録することで、自分に必要な睡眠時間は大体8時間だとわかった。

時間を「天引き」する

村上春樹さんは1日のうち1時間は走るか、泳ぐかする。だから1日はそもそも23時間しかないと考えているそうだ（『考える人』２０１０年夏号）。運動は必須とした上で、他のものに振り分ける。1時間を24時間から「天引き」しているわけだ。

これと同じでぼくはまず睡眠、食事、休みといった基本的なことは24時間から「天引き」されている必要があると思う。それをまず確保したうえで、他のことに振り分ける。

病院に来る人の特徴として、

- ●睡眠時間がとれていない
- ●美味しいご飯を食べられていない

●休めていない

といった基本的なことができていないことがあげられるそうだ。人はブラック企業に長時間こき使われていたとしても、自己犠牲の陶酔感という報酬を得てしまうこともある。そんな環境から離れたくても、会社でのコミュニティが断ち切りづらいこともあるだろう。

こういった基本的な時間が確保できていないとしたら、生命活動の根本を犠牲にしてまで自分がやりたいことなのか、考えるべきタイミングかもしれない。

スティーヴン・キングの仕事術

スティーヴン・キングは多作な作家だが、『小説作法』（池央耿訳、アーティスハウス）によれば執筆は午前中と決めている。そして作品に取りかかったら、登場人物を生きとした人間にするために毎日書く。クリスマスも誕生日も書く。

毎日書く代わりに、執筆は午前中だけにして疲れは残さない。これが長年にわたって第一線で活躍している作家の仕事の秘訣のようだ。

こんなふうに継続するには休むことも必要。休まなければ、仕事は続けられない。

そうしてぼくは休みは仕事と別のものではなく、同じプロセスの中にあるひとつの行為だと考えるようになった。継続できないほど疲れてしまっていては、そもそも仕事として成立していないのだ。

睡眠中は本人よりクリエイティブ

画家のサルバドール・ダリは夢でみた光景を描き、作家のスティーヴンソンも『ジキル博士とハイド氏』の二重人格というテーマを夢から着想を得た。ドイツの化学者、アウグスト・ケクレのように、夢で見たイメージから化学式を思いついた人もいる。

睡眠は本人が起きている時よりもいい仕事をしたりする。眠ることで「意識」はなくなるが、脳はその間も活動を続けていて消費カロリーも変わらない。

ぼくは以前、睡眠をただのムダだが回復のために仕方なく必要なもの、ぐらいに捉えていた。だから短時間の睡眠で平気な人が羨ましいと思っていた。しかし、夢で見ることのように睡眠中の想像力は、本人が起きている時よりも突拍子がなくおもしろかったりする。

これはレム睡眠時に、覚醒時には起こらない神経細胞のランダムな結合が起こるためと考えられている。だから夢はあんなにシュールなのだ。そして目覚めている時には考えもしないような組み合わせが生じアイデアが生まれるというわけだ。

この本を書いている時も同じだった。机に向かって考えている時ではなく、深夜起きてぼんやりしている時に解決策が浮かんだり、睡眠中に何か「わかった‼」という瞬間を何度も感じたりした（わかった‼という感覚だけが残って忘れてしまうこともよくある）。

睡眠中も脳は休まず働き続け、思いもよらないアイデアを提供してくれる。睡眠はただ回復のために必要というだけではなく、どうやらクリエイティブな活動に必須なもののようなのだ。

寝る前をつまらなくする

そんな大事な睡眠だが、寝る時間が段々遅くなるのは「その日を諦めきれない」からだと思う。仕事に忙しい人なら、夜ぐらいは自分が好きな娯楽を楽しみたいという気持ちはわかる。海外ドラマやミステリー小説、パズルゲーム。やめどきがわからないような手に汗握ってしまうもの、つい続きが気になってしまうものを夜に楽しみたくなる。

もちろん楽しいのだけど、寝る直前まですごくおもしろいものに接してしまうと、

「あと10分だけ」「切りのいいところまで終わったら」を延々繰り返してしまう。そうして寝る時間はずれ込んでいく。

ぼくがいい手だと思っているのは、寝る前をちょっとつまらなくすること。たとえば、おもしろすぎない本を読むこと。短編集や詩なら区切りが多いのでそこで止めやすい。実用書だったり、英語の文法書も短い項目で区切りやすい。

画家のフランシス・ベーコンは不眠症に悩み、眠る前は繰り返し古い料理本を読んでいた（『天才たちの日課』）。料理本を読むことで、瞑想のように自分の考えを鎮める必要があったのではないかと推測する。

ぼくが寝る時間は21時半で、寝るためのアラームが鳴る。アラームが鳴った時、おもしろさに興奮しすぎていなければ、その行為を止めやすい。そうして、後悔なくその日を諦めることができる。

STEP 38 昼寝、パワーナップの効果は絶大

何時に食事をして、そのあと昼寝をするかどうか教えてくれれば、あなたがどんな人かいいあてましょう。

——メイソン・カリー（『天才たちの日課』）

イギリスの元首相ウィンストン・チャーチル、第35代アメリカ大統領ジョン・F・ケネディなど忙しい政務に携わる人が効果的に昼寝を取っていた話は有名だ。『天才たちの日課』を読めば、天才たちの多くが昼寝をしまくっているのがわかる。アインシュタインも、ダーウィンもマティスも、フランク・ロイド・ライトもフランツ・リストも昼寝をしている。どうやら政治家のように神経を使う仕事や、創造的な仕事と昼寝は切り離せないようだ。

NASA、グーグルやナイキなどは仮眠室を用意し、20分程度の短い昼寝「パワーナップ」を推奨しているという。（こういう「グーグルも〜」という文を見る度に思うのだが、グーグルで働いているような優秀な人たちに必要なものは、そうでない人にこそもっと必要なのではないかとモヤモヤする）

ぼく自身も15分のパワーナップを1日2度とる（1度めはただの朝の二度寝）。遠くない将来「会社には仮眠室が設置されていること」が法律化されたらいいのにと思う。ぼくが何かの気の迷いで会社を設立することがあったとしたら、何より「仮眠室をどう確保するか」を最重要課題にすると思う。それぐらいの絶大な効果を感じている。

福岡県立明善高校では「10分間の昼寝」を設けたことで、東大合格者が2倍になったいう（『初耳学』TBS、2018年1月7日）。NASAの研究では、26分の仮眠を取ることで記憶や注意力などの認知能力が34％向上した［★3―9］。

認知能力が上がったということは、クールシステムが活性化したということである。そして目の前の欲求を冷却し、将来の報酬を得るために行動できる。ぼく自身の体験からもその通りだと感じる。ぼくは15分のパワーナップを、運動や難しい仕事など意志力が必要な作業をする前に取り入れる。15分で驚くほどスッキリし、短い夢も見ることが多い。それが終わればやる気がみなぎっている。

戦略的二度寝とは？

そして今やっているのは「朝を2回作る」方法だ。朝5時に起きて、図書館に行くのは9時半。朝起きてから図書館に行くまでの4時間、ヨガをし、英語を勉強し……といろいろやっているといちばん大事な仕事の前に、自分が少し消耗してしまっていることに気がついた。

だから、仕事の前に二度寝をすることにした。この15分の二度寝を「戦略的二度寝」と呼んでいる。そうすると、再び意志力は回復する。ぼくは7～8時間の睡眠をとるようにしているが、毎晩ぐっすり完璧に眠れるわけではないし、深夜変な時間に起きてしまうこともある。それが15分の二度寝で調整されるのですっきりする。

作家のニコルソン・ベイカーもこの方法を採用していた。午前4時から4時半に起き、1時間半ほど原稿を書く。すると眠くなってくるので、もう一度8時半に起きる（『天才たちの日課』）。

この方法がいいのは、朝早く起きる時に多少眠くても「後でもう一度眠れるから」と思えて起きやすくなること。1日に2回朝を作り出す「戦略的二度寝」はおすすめだ。

STEP 39 積極的な行動で休む

ただ何もせず休むより、積極的な行動を取ったほうが、ずっと気持ちが休まったり精神的によい影響がある。これは「セーチェノフ効果」と呼ばれる。

疲れているとベッドに横になってゴロゴロしたくなるものだが、寝ているだけでは気分が変わらなかったり、夕方頃には自己嫌悪の塊になったりする。エネルギーを使わないこと＝休息、ではない。外出して自然に触れたりするなど、休む時も何かの楽しみに積極的になったほうが本当の意味で休めるということだ。

「コーピングリスト」を用意する

毎日が充実していても、何となく物悲しいような時はなぜかやってくるものだ。そんな時は自分がこれをやったら気持ちが変わるということをたくさん用意しておくのがいい。方法のリストは「コーピングリスト」と呼ばれる。そしてお気に入りの方法でストレスを意図的に対処していく。

ぼくにとっては、散歩したり木や土など自然に触れること、焚き火をすること、車を運転すること、映画館で映画を見ること、などがそれにあたる。たまには遠出もしたくなる。ちょっと気分が乗らないことがあっても、それをすれば確実に気分が盛り上がったり落ち着けるので安心できる。お気に入りのおもちゃで、自分自身をあやすようなものだと思っている。

STEP 40 習慣にしないものも大事にする

何事においても、連続は、嫌気を起こさせる。身体をあたためるには、寒さも心地よい。

——パスカル（『パンセ1』前田陽一／由木康訳）

ぼくは今、1日を1週間のように過ごしている。朝から夕方までの勉強や仕事をしている時間は、会社で働く平日のようなもの。そして、ジムに行って運動すれば、ぼくが1日にすべき習慣は終わり。日が暮れると、週末のような自由でのんびりとした時間がやってくる。

だからその後は何をしてもいい。当初は疲れ切っていてダラダラとスマホを見てしまうこともあったが、不思議なことに罪悪感がなかった。つまりスマホを見るという行為そのものではなく「やるべきことをやっていないのに気晴らししている」ことが罪悪感を生むのだとわかった。習慣にも慣れてくると、疲れ切ることもなくなりダラダラスマホも自然に収まった。夜の自由時間は、映画を見ることが多い。

誰でも時間はなるべく有益に使いたいと思うし、習慣はそのためにある。しかし、24時間すべてを有益な時間にするなど無理だし、すべきでもないと思う。習慣を続けていくうちに、頭を空っぽにできる時間も意識的に取る必要があると思い始めた。

柄谷行人、カントの息抜き法

批評家の柄谷行人さんは日本を代表する知性だと思うが、執筆や読書といった仕事は夕方までに留めて、夜はドラマや映画を見るそうだ。夕方以降は、頭を使わない。そしてこのスタイルを10年以上続けているという（『新潮』２０１8年3月号、新潮社）。

哲学者のカントも、習慣の神様のような人物だ。有名なのが、散歩のエピソード。毎日15時半になると必ず散歩にでかける。あまりに時間に正確なので、カントを見て時計を合わせる人もいたそうだ。カントは生涯独身で、生まれ故郷のケーニヒスベルクに住み続け、数時間で行ける海さえ見たことがなかった。

いかにも天才らしい奇人に見えるのだが、実際は社交的な面もあり、会話もうまかったという。食事は1日1度だったが、同僚だけでなく、さまざまな育ちの町の人々との世間話を楽しんだ。「1人で食事をすることは、哲学する者にとっては不健康である」とカントは言った（『天才たちの日課』）。人との世間話が天才の頭を休めることに欠かせなかったようだ。

習慣にも、変化は必要

アメリカには、数千㎞ものトレイル（自然遊歩道、登山道）を何日もかけて歩くカルチャーがあるが、毎日毎日歩いていると、それは旅ではなく日常になるそうだ。大自然の中での徒歩の旅という非日常すら、だんだん当たり前の風景になってくる。旅ですらそうなるのだから、習慣にも飽きてしまわないように適度な変化は必要だと考えるようになった。

習慣の報酬を実感できるようになるまで、習慣が身につくまではできるだけ毎日やったほうがいい。しかし習慣とは何よりも、継続を最優先する行為。だから習慣自体に飽きてしまわないように時折変化をつけて、休みも取る。ぼくの場合でいえば、1週間に1日は休みを取るか、どこかへ出かけたほうがいいと思うようになった。

STEP 41 「目的」と「目標」をごっちゃにしない

成功は結果であって、目的ではない。

——フローベール

ボブ・シュワルツの『ダイエットしないで痩せる方法』（西川久美子訳、白夜書房）によれば、ダイエットに成功する人は200人のうち10人で、しかもその体重を維持し続けられたのはたった1人だったという。あれこれの工夫で目標を達成できた人はいても、その維持をすることは難しい。

それはダイエットを一定の期間の我慢を通して「目標」体重を達成することだと考

えている人が多いからだと思う。目標を達成すると、満足し少し手を緩める。そしていつしか元の体重に戻る。ダイエットは医師免許や、司法試験のような一度獲得すれば後は更新不要という種類のものではない。ダイエットは一回限りの「お祭り」ではない。ダイエットの目的は我慢なく続けられる「ライフスタイル」を見つけることにある。

目標だけでは燃え尽きてしまう

アスリートがオリンピックのような大きな大会を経験した後、うつになってしまうPODと言う症例（post olympic depression）が報告されている。アポロの宇宙飛行士バズ・オルドリンは、偉大な達成のあとに意気消沈してしまったそうだ。

プロゲーマーの梅原大吾さんが言っていることも同じだ。梅原さんにとっての目的は「成長し続ける」ことであり「大会で勝つこと」ではない。勝つことを目標にしていると燃え尽きて続かないからだそうだ（『勝ち続ける意志力』）。フローベールが言うように、成功はただの結果だ。

シュワルツェネッガーの「マスタープラン」

目的と目標、目標と指標などは漢字が似ているので書いていても混乱する。アーノルド・シュワルツェネッガーが目的の意味として使っているのは「マスタープラン」という言葉。こちらのほうが使いやすい人もいるかもしれない。

アーノルド・シュワルツェネッガーは、「マスタープランという大きな目的のために、今日できることは何か?」と問いかけ続けたという。

ぼくがマラソンのタイムを設定するのも、あくまで目標だ。3時間30分という目標があると、毎日きちんと走ろうという気持ちの支えになってくれる。ぼくが走る目的は「健康的な心身を維持すること」。また、ぼくにとっては本を出すということも目標で、目的は「好奇心を満たし続けること」にあると思う。

STEP 42 目の前の目標だけ見る

ボウリングのコツは、遠くにあるピンに向かって投げることではなく、すぐ近くの三角印(スパット)に向かって投げることだ。これは何かを習慣づけたいと思った時、肝に銘じておかなければならないと思う。それはなぜか？

1枚のコイン問題

習慣を難しくする原因

人は何か目的に向かって努力している時に、ふと達成までの「努力の総量」に思い至ってしまうことがあるからだ。100万円貯めるには、10円や100円をコツコツと根気よく集めることが重要だ。しかし、すでに100万円持っている人を目にすると、自分が今拾おうとしている10円や100円がバカバカしいものに思えてくる。

英語をペラペラとしゃべっているバイリンガルを見れば、自分の環境を呪いたくなるし、目の前にあるひとつの英単語を覚えることなんて、あまりに小さいことのように思えてしまう。

SNSを見れば、たくさんのプロジェクトが立ち上がっていて、先行して走っている人はさらにその速度を上げている。そこまで到達する「努力の総数」に思い至ると、途端にやる気なんてなくなってしまう。

カズはどうやって54歳までプレイしたか

この「1枚のコイン問題」に対処するには、目の前の目標だけに注目することが必要だ。

カズこと三浦知良選手は、54歳で現役だが、昔から今の年齢までプレーすることを目標にしていたわけではなかった。30歳の時に、すでに引退が頭をかすめていた。そこからあと2年したらやめよう、あと2年したらやめようと思っているうちに今の年齢までやってきたという。

ぼくにとって2回目の参加となったフルマラソンは、直前に膝を痛めてしまって辛いものだった。そんな時は20kmの時点でまだ半分もあるとか、30kmの時点でまだ10kmもあるとか考えがちでそこで諦めたくなってしまった。だから後半は「あと2km走ったらリタイアしよう」と決めた。そしてその2kmが来るとまた同じことを思いながら走ることでなんとか最後まで走り切ることができた。

映画『ハクソー・リッジ』は、第二次世界大戦の沖縄戦で、75人もの負傷兵をたった1人で助けた衛生兵の実話を元にしている。その衛生兵は自軍が撤退後も1人残り、見捨てられた負傷兵を運び出し続けた。弾の飛び交う戦場で彼が誓い続けたのは「神様、どうか自分にあともう1人だけ、助けさせてください」ということだった。
自分が過去に積み重ねたことから、勇気づけられることもある。高橋尚子さんが、マラソンのレース本番に挑む時の言葉が象徴的だ。「今までにいったいどれだけ走ったか。残すはたった42㎞」［★3—10］。

STEP 43 習慣に失敗は不可欠

習慣を身につけるためには、できるだけ多くの失敗を経験することが必要だと思う。残念ながらこの本を一読しただけでは習慣は身につけられないはずで、実践と失敗が必要になってくる。

「どうしたら成功できるか？」という自己啓発やビジネス書でよくある質問の答えはとても簡単だ。成功することを目指すのではなく、いち早く、できる限り多く失敗すること。それはなぜか？

ぼくの友人は失敗すると「にやにやしちゃう」そうだ。失敗したということはうまくいかない方法を見つけたということであり、成功に一歩近づいた証（あかし）だからだ。失敗しただけでは失敗ではない。失敗を次に活かせなかった時が本当の失敗だ。うまくいかない方法がたくさん見つかれば、いつかはうまくいく方法が見つかる。その意味で失敗は、成功することとほとんど変わらない。成功と失敗は同じプロセスの中にあるほとんど同じ行為だ。ただわかりやすいようにその時現れている結果で区切って「失敗」「成功」と別の名前が付けられているだけだ。

誰だってムダな失敗はしたくないと思う。だから誰かに教えを請いたくなったり、秘密のコツがどこかにあるのではないかと探し求めたりする。そうして失敗を避けようとすると、結局遠回りになってしまう。確かに失敗することで恥ずかしかったり、報酬を得られなかったりする。だからそこでやる気がなくなり続けられなくなる。成功する人は、失敗したからといってやめず最後まで続けた人。ただそれだけの話なのだ。

失敗を貯める意味

習慣にしてしまえば、それを身につける前に想像していたよりも、ずっと楽に続けることができる。しかし、単に楽しみだけを享受している状態とも違う。ぼくだって朝眠い時もあるし、仕事に行きたくない時も、走るのが億劫な時ももちろんある。

しかし、記録して失敗を貯めていればそんな気持ちにも打ち勝てる。ぼくは朝起きられないとそれで凹む。続くヨガや、朝の仕事もそれでできなくなることは先にも書いてきた通りだ。

ちょっと1杯と思ったお酒を飲みすぎて、翌朝ほとんど使い物にならない1日を過ごしてしまって後悔する。ぼくはそれを何度も何度も繰り返し、その度に記録してきた。今になって思うとそれは必要な失敗だったのだろうと思う。1回や2回の失敗では罰則にはならない。先述したように明日の自分は、今日の自分とは違う行動が取れるスーパーマンに見えてしまう。何度も失敗することによってその幻想を手放したところからすべては始まる。

失敗と、自己否定感を切り分ける

どうして自分を責めるんですか？　必要なときに誰かがちゃんと責めてくれるんだから、いいじゃないですか？

――アインシュタイン［★3―11］

大切なのは、失敗したからといって落ち込んでしまわないこと。悲しいことを想像しながらではマシュマロ・テストが待てなかったことを思い出そう。落ち込むとさらに将来の報酬を得ることが難しくなる。悪循環の罠にはまらないようにしよう。

人にはネガティブなことほど、大きく評価してしまう「ネガティビティバイアス」という性質がある。だから、ひとつの失敗した習慣があるとついついそれに注目してしまう。そんな時は、できた習慣の方に目を向けることも重要だ。

やまぐちせいこさんは、家が散らかっている時、散らかった部屋を見て落ち込むより「今、私は片づけに手が届かないくらいがんばっているんだ!!」と自分を認めてあげるのだと言う。失敗した時は試した方法が悪かっただけで、あなたが悪かったわけではないのだ。アインシュタインの言うように、自分を責めるのは誰かに責められてからでも遅くはないかもしれない。

STEP 44 すぐに花丸をあげる

毎日の習慣で大事になってくるのは、自分がやったことにすぐに100点をあげて花丸を付けてしまうこと。そこからさらに加点法で足していく。目標とするすべての習慣を達成してようやく100点をあげるのでは、自分を責める機会を多く作ってしまうことになり、いいことはない。今のぼくで言えば、朝起きて母と2人分の朝ごはんを作れたらその日はもう100点花丸。どこにそんな孝行息子がいるのよ? という具合だ。あとはおまけ。英語を勉強したら120点。ランニングをしたら150点。

すごい、すごすぎるぞ自分、と盛り立てていく。

これは、しっかり習慣を達成したときにも言える。毎日習慣を続けていっても目に見えて成長がないことはよくある。そうすると「やっぱり自分には才能がないんだな」と思ってしまったりする。

イギリスの画家、デイヴィッド・ホックニーは「自分に深刻になるな、作品に真剣になれ」と言ったそうだ。たとえ作品の出来がよくなくても、それを作者である自分と同一視しない。できた作品と、自分自身を切り分ける。坂口恭平さんは『自分の薬をつくる』（晶文社）の中で作品の否定はどんどんしていいと言う。それが次の作品を作ることになるから。「いや、こんなんじゃダメだな、さ、次作ろ」と思うことが大事だと言っている。

習慣の成果も大したことがないかもしれない。それでも習慣で落ち込まないこと。気にせずまた次の習慣へと手を付ければいい。

STEP 45　何日で習慣になる？ 問題

どのくらい続ければ習慣になるのか？　という問題は誰でもつい考えたくなる問題ではないだろうか？　この問いの有名な答えとして「21日で習慣になる」というもの

がある。しかしこれは、手足を切断された患者がその状態に慣れるまで21日かかったというエピソードから生まれた神話のようだ。

あることが習慣になるのは、何を報酬と感じるのかという脳の神経回路が実際に変化するということである。そんな複雑なものが決まりきった日数で割り切れるという発想がそもそもおかしい。

ある論文では、水を飲む、スクワットをするといった行為が習慣になるまでにかかる平均日数は66日だったと報告された［★3―12］。しかしこれは18日から254日という日数の平均で、幅がありすぎてほとんど参考にはならないだろう。

ぼくは習慣を身につける上で「何日で身につくか」などと日数で考えないほうがよいと思っている。たとえば「30日スクワットチャレンジ」など日数で区切る挑戦に意味はあると思うが、大事なのは「目標」ではなく、そのチャレンジが終わった31日目に続けられるかどうかだ。そしてそのチャレンジを「我慢」だと考えているうちは続かない。

習慣になった時は、自分でわかる

何日で習慣になるかということに答えはない。しかし、ひとつ言えることは、習慣が身についたとき、自分の感覚でそれがわかるということだ。

ぼくが習慣になったと実感した時の例をあげたい。ジムには10年近く通っていたが基本的に週1か、忙しければ月1なんていうこともあった。それが毎日行くようになってから5日目のこと、その日ジムは休みだった。以前なら「休みなら仕方ないよね、ラッキー」と思っていただろう。しかしぼくは「休みかぁ、残念」と思い、自分でもびっくりしたことを覚えている。

その時ぼくの脳内で、運動は「たまにやらなくちゃいけないけど辛いもの」から「気持ちいいもの」「終わった後に達成感を感じられるもの」と書き換え始められていたと思う。

断糖の合図

やめたい習慣がやめられたこともわかる。甘いもの断ちをして3週間ほど経ったある日、ぼくはパン屋に置いてあるふわふわのクリームパンや、ホイップクリームとあんこがこれでもかとサンドされたパンを見て、なんとも思わなくなった自分を発見した。お腹は減っていたが、過剰な甘さを見てむしろ「うわぁ……」という気持ちにすらなった。日本のお菓子は甘すぎず海外の人に好評だそうだが、日本人が海外の甘すぎるお菓子を食べた時の感覚に近かったかもしれない。

以前なら「食べたい‼ いやしかし、ここは我慢だ」と意志力が必要になってくるところだ。しかし甘いものを欲する神経回路は眠りについたようで、こうなるとそもそも誘惑もされないので「断っている」という感覚がなくなる。それがやめることが完成した合図だ。

「答えを生きる」という言葉があるがまさにそれだ。習慣になるには何日かかるかわからない。しかし、その答えがわかった時にはすでにそれを「生きている」のだ。

ゴールは意識しなくなった時

ミニマリストのゴールは、「ミニマリズムを実践しています」と意識しなくなった時ではないかと思う。意識せずともした行動にミニマリズムが宿っているような状態がゴールではないかと思う。

習慣も同じで、習慣自体を意識しなくなった時が、本当の習慣になった時かもしれない。ジムに行くのは5日で効果が出始めたが、その時はもちろんまだ「続けなきゃ」という意識があった。今は続けるための工夫を意識することも、続けなきゃという意識もあまりなく、ただ続いているという感覚だ。

自分が達成した習慣をＳＮＳに書き込んで知ってほしいという気持ちもない。「今日も10㎞ラン達成‼」というのは自分にとってもう当たり前のことだからだ。今日はジムに行きたくないかも、と頭に浮かぶこともあるがそうしているうちに「なんとなく」行ってしまう。

習慣も崩れるかどうか心配なうちはまだ身についていない。多少習慣が続けられないことがあっても、この程度のことでやめるはずがないという自信ができた時。歯磨きと同じで、しないほうが気持ちが悪いと思うようになった時。そして習慣とすら意識せず続けている時が本当の習慣になった時かもしれない。

STEP 46 やらないよりやったほうがましになる

村上春樹さんの『走ることについて語るときに僕の語ること』の中に、オリンピックランナーの瀬古利彦さんにインタビューしたエピソードがある。

――「瀬古さんくらいのレベルのランナーでも、今日はなんか走りたくないな、いやだなあ、家でこのまま寝てたいなあ、と思うようなことってあるんですか？」と質問してみた。瀬古さんは文字通り目をむいた。そして〈なんちゅう馬鹿な質問をするんだ〉という声で「当たり前じゃないですか。そんなのしょっちゅうですよ！」と言った。

——僕は瀬古さんの口から、直接その答えを聞いてみたかったのだ。たとえ筋力や運動量やモチベーションのレベルが天と地ほど違っていたとしても、朝早く起きてランニング・シューズの紐を結ぶときに、彼が僕と同じような思いをしたことがあるのかどうかを。そして瀬古さんのそのときの答えは、僕を心底ほっとさせてくれた。ああ、やっぱりみんな同じなんだ、と。


この本を書いている時点で20年以上ほぼ毎日走り続けている村上さんでも、走りたくないと思う時がある。村上さんが瀬古さんの言葉にほっとさせられたように、ぼくも村上さんの言葉にほっとさせられた。

習慣はほとんど考えずにする行動のことだが、常に考えずに選択できたり、葛藤がまったくなくなるわけではない。大抵は進んでやるのが習慣だが、今日はやりたくない、とか気が進まないと感じる時も人間だから必ずある。

習慣を続けることの中には苦しみもある。だが、やらなかった時の後悔と比べたら、やったほうが遥かにましだと思える。そういう失敗を貯めていけば、習慣の報酬がいつか上回る。やらなければ、どうせ自分はまた同じように後悔し自己否定感が生まれる。だから少しでもいいと思えるほうを選択できる。

STEP 47 難易度は少しずつ上げる

習慣を続けていると、それ自体に少し飽きてしまうことがある。たとえば早起きしてヨガをしたり、運動したり……その達成感や清々しさが毎日続けていくと薄くなってしまったように感じることもある。

難易度の設定は厳しすぎると、ただ苦しいものと脳が認識して続かない。簡単すぎても満足感がなく飽きる。負荷があるからこそ、適度なストレスホルモン、コルチゾールが分泌され満足感を感じられるのだ。ストレスのないところには喜びもない。

ジムのインストラクターに、いつウェイトを上げればいいのか質問してみたことがあるが、答えは「簡単に持ち上げられるようになった時」ということだった。車の運転もいつかは無意識に鼻歌交じりにできるようになる。ランニングで、かつては息切れして余裕のなかったスピードでも、別のことを考えながらできるようになったりする。難しかったはずのものが簡単になり、手応えを感じなくなる時が難易度を上げるべき合図だ。

心理学者のチクセントミハイが研究した、人が時間を忘れるほど何かに夢中になり、充実感を感じるという「フロー」という状態。それが起こるのは、自分にとって難しすぎず、簡単すぎず適切な難易度のものに挑戦している時だ。ぼくがこの本の原稿を書いている時も、論理がつながらなかったり、専門的で複雑な部分を書いていると集中力がすぐに途切れる。自分が体験したことでよく理解していることなど、ほどよい難しさの時は集中して時間を忘れるようにして書くことができる。

難易度を気づかないぐらい自然に上げる

もちろん習慣の難易度は一気に上げすぎても続かない。だから難易度は少しずつ上げていくのがいい。

1時間、朝早く起きたいならタイマーを毎日5分ずつ早める。昨日より1時間早起きするのは難しくても、5分なら難しくない。毎日5分の早起きを12日続けられれば1時間早められる。

ぼくもランニングマシンで走る時、1分ずつ時間を伸ばしていったり、時速も0・1㎞ずつスピードを上げていったりする。少しずつ難易度を上げていけば、挫折せずに成長していくことができる。

成長に必要な「意図的な練習」

イチローは打つ球一球ごとに課題を設定していたという。そしてたとえヒットを打てたとしても自分が立てた課題を達成していなければ満足しない。

プロゲーマーの梅原大吾さんも「考えることを放棄して、ただ時間と数をこなすのは努力ではない。それはある意味、楽をしているとさえ言える」と言っている（『勝ち続ける意志力』）。練習の効果は、ただがむしゃらに時間を長くするだけでは出ないようだ。バスケットボールのシュートで言えばただ量をこなすのではなく、1本打つ度に距離がどうか、左右にどうブレたか、手首の返しはどうだったのかなど意識し、微調整していく。仮説を立てながら、修正を続けていく。こういった手法は「意図的な練習」と呼ばれている。

何かが習慣づいて簡単になってしまうと、同じ難易度で漫然と続けてしまうこともある。ドーパミンは「新しさ」を感じた時に特に放出され、ニューロンの結合は快適な領域を超えた時に生まれるという。

だからいつも同じ習慣ばかりこなしていると成長に必要な刺激が得られないこともある。ヨガでいつもより足を開いて痛みを感じてみたり、仕事をやめたくなるところでもうひと踏ん張りしてみたりすることが成長につながるということだ。充分がんばった、というところから一歩だけ先に進んだところに成長の余地がある。

STEP 48 谷間の試練を乗り越える

いくら習慣が身についたといっても「どうしても気が乗らない」ということもある。そんな時の対応策は「形だけでも維持する」ということ。

『小さな習慣』の中でスティーヴン・ガイズは、習慣になったからといって決して目標を高くしないことを推奨している。腕立て伏せの目標は、100回できるようになったとしても1回のままでいい。日記やブログを書くことが習慣になり、毎日1000文字書けるようになっていたとしても始めた当初と変わらず目標は100文字でいい。「どうしても気が乗らない」という時は腕立て伏せ1回やその100文字を達成するだけでいい。

何度も言ってきたように、意志力を減らすのは「自己否定感」だからだ。今日は手を付けられなかった、目標を達成できなかったという否定感が次の習慣を難しくする。だから形だけでも維持して、自分を否定しないことが大事。たとえ今日はできたことが少なくても、継続の中で賄うようにすればいい。

成長はモチベーションにならない

やり遂げたことの報酬は、立派にやり遂げたということである。
――ラルフ・ウォルドー・エマーソン（『New England Reformers』）

習慣を続けていても、成長の実感はたまにしかやってこない。だから、それを「報酬」として考えたり、モチベーションにしていると続かない。

たとえば、ヨガ。始めて2週間ほどすると、すぐに身体が柔らかくなったので、嬉しくなって続けられた。しかしそのうち、毎日やってもそれ以上なかなか身体が柔らかくならなくなった。成長が感じられたとしても「今日はいつもより足首が回るかな」など非常〜に地味にやってくる。「1カ月で開脚できる方法」を見つけて半年以上続けているが、今も全然できない。

報酬を「成長」に期待しているとこういう時に、続けたくなくなってしまう。そして数日しないとなおさら体は硬くなり、無慈悲さを感じる。英語もそうだ。ある日「聞きとれる！」「言っていることがわかる！」という時がやってきたりするが、大抵は成長を感じられない長〜い踊り場にいる。成長は、停滞期とブレイクスルーを伴う。

右肩上がりの直線ではなく、階段を下がって上がっての繰り返しで、不細工なガタガタの線を描く。だから成長を報酬にしていると、後退した時にやめたくなってしまう。継続するためには、報酬を成長ではなく、行為自体の中に見つけ出すことが必要だ。今日も習慣を続けられた、という「自己肯定感」を報酬とすること。これは本当に重要だ。

成長が見られない時、サナギになっている姿を想像してもいいかもしれない。サナギは外見はいつまでたっても変わらない。しかし、その内部では着々と次の準備が始まっている。成長の喜びは、雲行きの怪しい会社のボーナスのようなもの。たまにもらえたらラッキーぐらいに思っておくのがいい。

STEP 49 やるほど高まる自己効力感

この人生で必要なものは無知と自信だけだ。これで成功は間違いない。

——マーク・トウェイン［★3—13］

STEP17で、ヘビへの恐怖心を少しずつ課題を進めていくことで克服した方法を紹介した。この話には続きがある。ヘビへの恐怖を克服できた人は、おもしろいことに他のことについても不安を持たないようになった。何かに熱心に取り組み、失敗に直面しても簡単にへこたれないようになったのだ。バンデューラはこれを「自己効力感」と呼んだ。

自己効力感は簡単に言えば「自分はできる‼」と思うことである。自分は学び、成長し、変わることができる。そうして新たな難題を克服したりできるという信念だ。

ぼくはお酒をやめた後に、甘いものをやめたがその時こう思った。「お酒すらやめることができたのだから、甘いものもやめられないはずがない‼」。

何かに成功すると、次の成功も難しくないと感じられる。マシュマロ2個を待てた子どもたちは、4～5歳に達するまでにすでに何らかの課題を克服して、親から褒められしっかりとした自己肯定感を身につけていたのかもしれない。

反対に「自分にはできない」「自分は何をやっても失敗する」と思ってしまうと、できるだけ早く諦めたほうが合理的な判断になってしまう。どうせ今回もダメだろうと思っていれば、葛藤する時間など無駄になるからだ。目の前のマシュマロを少しでも長く我慢しようとするのではなく、出された瞬間に食べたほうがよいという判断になる。

ウォルター・ミシェルはこう言っている。成功に対してより大きな期待を持っている子どもは、新しい課題を与えられても、すでにそれで成功したことがあるかのように自信を持って取り組む。彼らはしくじると思っていないので、それに「立ち向かう」ことを望み、進んで失敗の危険を冒すのだと。

何かを始める時には「とりあえずやってみる」ことが重要だと言われるし、ぼくもそう思う。しかし「とりあえずやってみる」ことができるのは、とりあえずやってみて、今までなんとかなった経験がたくさんある人たちだ。失敗を恐れず、成功すればするほど、新たな課題には取り組みやすくなる。

片づけから始まった自己効力感

マシュマロ・テストで待てた子どもは、テストの成績や健康状態などあらゆる面でいい結果を残した。

それはこんなふうに「自分はできる‼」という自己効力感が、様々なジャンルに及んでいった結果だと思う。

ぼくに関してもそうだと言える。部屋を片づけることから始まって、それに飽き足らなくなり、自分の生活を様々な面で向上させたいと思ったのだ。早起きができるようになり、ジムまで行けると当初はものすごい達成感があったので、その後はダラダラしても満足感があった。そして早起きや運動が簡単にできるようになってくると、もっと負荷が欲しくなってくる。

ひとつの習慣を達成できれば、他の習慣も身につけたくなる。ある習慣を達成したことによって、自己効力感が増しているからなおさら次の習慣が身につけやすくなる。そうして、あらゆる面にいい影響が及んでいったのだ。

STEP 50 連鎖反応を起こす

運動を習慣にしてからしばらくのこと。田舎に引っ越してからは、自分の足で走っているか、車に乗っているかになった。だからひさびさに長く歩いた時、自分でも驚くほどしっかりと速く歩けることに気づいた。足腰が締まっている感覚がある。『ドラゴンボール』で、修行の重い甲羅を外した悟空とクリリンのようなイメージで身体が軽い。

歩くのが遅い人は、うつ症状、身体機能、認知機能の低下などさまざまなリスクがあると言われるが、説明の順番が逆かもしれない。身体が軽く、意欲があると颯爽と歩けるのではないか。

身体を鍛えはじめると、日常は本当に楽になる。階段の負荷なんてほとんどゼロで、すっと身体を持ち上げられるので、混んでいるエスカレーターをわざわざ選ぶ必要がなくなった。息も切れない。そうしてさらに身体は鍛えられていく。

すでに身についた習慣がごほうびになる

習慣をスタートさせた時期には違いがあるので、すでに難易度が下がっていて楽しい習慣もある。ぼくにとってはたとえば日記。日記を書くことは、もはや何の苦労もない。ネガティブな気持ちも日記に預ければ、すぐに晴れてくる。ぼくにとっての日記は気晴らしであり、ごほうびだ。

走ることも同じ。以前は「ランニングできたらごほうびに美味しいものを食べるぞ」と思っていたのだが、いつしか「この仕事が終わったらランニング行くぞ」などと思っている自分に気がついた。かつての課題だった習慣が、いつしか自分に欠かせないもの、ごほうびにすり替わっていたのだ。

悪い習慣がいらなくなる

何かストレスがあっても日記にあたれば気持ちが軽くなってくる。嫌な気持ちになった時も、走りに行けば確実に気分が変わる。そうすると、ストレス解消のために必須だと信じてやっていた暴飲暴食や、衝動買いなどが必要なくなってくる。こうして習慣の好循環が続いていく。その様子を他の人が見ると「あの人はストイックだ」「意志が強い」というふうに見えるだけだ。

STEP 51 習慣には応用力がある

私たちの生活は、習慣の集まりにすぎない。

——ウィリアム・ジェームズ［★3—14］

この本で見てきたような習慣を身につけるための考え方は、生活の様々な場面で役に立つ。たとえばぼくは早く食べる癖があって、直したいと思っていたのだがなかなかうまくいかなかった。女性と一緒にご飯を食べている時など、意識しないとかなりの差がついてしまう。

食欲を抑制するためにはゆっくり食べることが重要だし、消化にもいいはずだ。それを実行したほうがいいことはわかっているがなかなかできない。習慣に必要なのは、罰則と報酬だ。だからこれを応用した。そして試してみたのは、昼食のお弁当を食べている間だけ休憩していいというルール。つまり早くお弁当を食べてしまうと、その分休憩時間が減るという罰則になり、ゆっくり食べればそれだけ長く休憩ができるという報酬が生まれる。絶大ではないがある程度の効果を発揮してくれたように思う。

アメリカでの調査によると処方された薬を飲んでいない成人の割合は55%近くになるという[★3―15]。「効いた」という薬の報酬は本人にはわかりづらいものが多い。だから習慣になりづらく忘れやすい。薬を忘れずに飲むには、先にも触れた通り毎日している行動をトリガーにするのがいい。毎日ドライヤーをかけたり、歯磨きをするならそのすぐそばに置いておくのも効果的だ。

食事の習慣、お金の習慣

ぼくにとっては食事も習慣だ。3食自炊し、ほぼメニューは変わらない。3、4日に1度スーパーに行って同じモノを買って、同じように調理するルーチンになっている。こうすると、毎日食べる量がほぼ同じになるので「作り過ぎてもったいない」と食べすぎることがない。美味しい外食ももちろん楽しいものだが、安定した食生活は、太りようがないというメリットもある。

たとえばお金のような大きな問題にも習慣は使える。日本人の貯金志向からすると、アメリカ人の貯蓄はとても少なく見える。成人7000人を対象にした調査によると、

69%が1000ドル（約11万円）未満だったという［★3―16］。

アメリカ人の多くは65歳に達して蓄えが少ないことにショックを受けるのだそうだ。老後のために目の前の楽しみを我慢できなかった人が多いということだろう。

こんな時には、ハードルを上げ下げすることで、行動がコントロールできるという考え方が有効だ。ある大企業では、入社1年後に401k（確定拠出年金）の退職制度に参加している人の割合は、加入がオプション（わざわざ選ぶ必要がある）の場合は40%だったが、自動加入の場合や、脱退のために特別な手続きが必要な場合には90%にのぼったという［★3―17］。年金加入のハードルを下げ、脱退のハードルを上げておくだけで老後の資金のような大きな問題も改善することができるということだ。

習慣を人間関係にも応用する

人間関係にも使える。切れそうなトイレットペーパーを見たら（トリガー）、次の人に任せず自分が交換する（ルーチン）、そして自分がきちんと家事をこなせていると感じられる（報酬）。

こんな習慣を身につければ、奥さんと無駄なケンカもせずに済むはずだ。

日付を決めるという習慣のコツも、実はいろいろなところで有効に作用している。

ぼくの中学校の同窓会はもう15年以上続いているが、それは日付を12月30日と決めているからだと思う。毎年この日に開催されることがわかっていれば、前もって日付を意識でき、調整できるので参加率も高い。

友人関係にも有効だ。ぼくには仲のよい3人組の友人がいて、会うのはほぼそれぞれの誕生日だけだったが、日付がきちんと決まっているので会いやすく長年その習慣は続いた。

恋愛にだって使えるだろう。マメな男がモテる、というのはよく言われることだ。誘惑される回数が多く、褒められたり好きだと言われる報酬が多ければ、女性も次第にそれを期待するようになるかもしれない。もちろん本気で迷惑している場合もあると思うので、そのへんはよろしく。

迷惑な相手の対処法にも使える。迷惑とはいえ情も感じるのでそういう相手から連絡をもらったら、返信を続けてしまうこともあるだろう。しかしそれでは相手もまたその報酬を期待して習慣にしてしまう。時にはきっぱりと断つことも効果的だ。

STEP 52　自分ならではの習慣を作る

イチローはかつて行っていた猛練習についてこう振り返っている。

「オリックスの合宿場で過ごしていた18、19、20歳のころは、たしかに夜中の2時、3時まで何百球も打っていた。今振り返ると合理的な練習ではなかったとわかります。ただ、当時それを人に教えられて、頭でムダだと理解したつもりで、やっていなかったとしたら、今のような思考になったでしょうか」（『プレジデント』２０１６年2月15日号）。

この本で伝えたいことも同じだ。ぼくがお酒をやめようと思ったのは、お酒のデメリットを人に教えられて頭で理解したのではなく、それで後悔した経験がうずたかく積み重なっていたからだ。そこまで後悔がない人ならば、お酒をやめようという発想には至らないだろう。ぼくがよりよい習慣を本気で身につけなければいけないと思ったのは、思う存分ダラダラしてみた経験から、それは苦しいものだとはっきりとわかったからでもある。

だから、ぼくがこの本で書いていることは、そのまま伝わらないと思っている。読者の方が実践と失敗を繰り返す中でオリジナルの習慣とその方法論を身につけてほしいと思う。

本で学ぶということは、実践する前によく陥りがちな「落とし穴」の位置を事前に知りたいということでもある。しかし、落とし穴に落ちたときの痛さは落ちてみないとわからない。その痛みがあるから、次は落ちないようにしようと思うのだ。ぼくがしたいのは落とし穴の位置をすべて事前に通達することではない。ただ、注意していても何度も落ちてしまう卑劣な落とし穴もある。そういう落とし穴について注意喚起したいというだけだ。

オリジナルの習慣を作って欲しい

ぼくは自分を夜型の人間だと思っていたが、朝型に切り替えることができた。そうして1日を気持ちよくスタートできるようになった。それはある程度、他の人にも通じる一般性があると思っているので、興味がある人には勧めたい。

しかしたとえば、新聞の4コマ漫画『コボちゃん』を長期連載している植田まさしさんの生活スタイルはそれとはまるで違っている。深夜3時半に寝て、10時半に起きるというスタイルだそうだ。これは毎日の原稿を受け取るバイク便が15時半に来るからで、その締め切りから逆算すると、10時半に起きるのがベストなのだという（文春オンライン『〝4コマ漫画の巨匠〟植田まさしロングインタビュー』2017年7月15日）。

この「自分にとってはベストだ」という感覚こそが大事だ。ぼくが実践している習慣を真似してくれる人がいたら確かに嬉しいかもしれない。しかしそれぞれ住んでいる場所も年齢も性別も違うのだ。お相撲さんにダイエットを勧めても仕方がない。状況は人によって違うのだから、自分仕様にカスタマイズされたしっくりくる方法を作り上げてほしいと思う。

状況は違っても同じく必要だと思えることもある。たとえば記録がそうだ。どんな状況（気分、体調、季節、忙しさ）だと自分の習慣が続けられたり、続けられなかったりするのかを記録していくこと。記録していれば、同じ困難に出くわした時にその避け方がわかるようになる。こういったことをこの本から読み取ってもらえると嬉しい。身につけるべきお手本の習慣なんてない。大切なのは自分で考えることなのだから。

STEP 53　人の習慣と折り合いをつける

他人の習慣ほど、変えたくなるものはない。
——マーク・トゥエイン（『マーク・トゥエイン150の言葉』）

新型コロナウイルスの影響で、実家でしばらく過ごさざるを得なくなった。実家には母親が一人で住んでおり、隣には兄夫婦とその子供3人が住んでいる。思えば大学に入学して以来、20年以上1人暮らしをしていたので誰かと生活をするのは新鮮だった。ただ生活の方法をなんでも自分で決められる1人暮らしとは違い、合わせなければばいけないところもある。

母親はぼくが実家に帰るまで、寝るのは深夜遅くで、朝も自然に目が覚めるのにまかせてゆっくり起きていた。ぼくの方が起きるのが早いので、朝ごはんを作るのはぼくの役割になった。早すぎず、遅すぎないように朝食は7時半に作ることにした。母に合わせてもらったところもある。

同居している人が決まった習慣で過ごしていると、いい面もあると思う。昼食は時間に合わせてぼくが2階から1階に降りて食べにくる。時間通りに作るのは窮屈なところもあると思うが、ぼくをわざわざ呼ばなくても済むし、時間より少し前に降りて簡単な手伝いをするようになった。食事が出来上がってから呼ばれるのではこれはできない。

ぼくがいつ走りに行くとか、シャワーを浴びるとかお風呂に入るとかも決まっているので、洗濯する時間や自分がお風呂に入る時間も組み立てやすいはずだ。午前中の2時間はDIYや畑、庭など家に関する仕事をすることにしているので、その時間帯は何でも雑用を頼んでもらえばいい。相手が習慣で行動していると、そんなふうに自分の行動も立てやすいというメリットがあるのではないだろうか。

マーク・トゥエインの言うように、他人の習慣は変えたくなるものだ。相手の習慣と折り合いをつけなければいけなかったとしてそれにイライラしないことは大事だと思う。イライラというマイナスの感情に陥ってしまえば結局自分の習慣もおろそかになる。そのためにも、習慣は多少の変更にも対応できる隙間があるものにしておくこと。相手に合わせられる柔軟性の高いものにしておくのがいいかもしれない。

STEP 54 習慣はいつか崩れる

習慣は驚くほど強固であると同時に、驚くほど脆い。

——グレッチェン・ルービン（『人生を変える習慣のつくり方』）

瞑想というのは、ついどこかへ飛んでいってしまう意識を呼吸に戻すことだが、呼吸に戻しても戻しても、意識はどこかへ飛んでいく。このことについて、僧侶の小池龍之介さんは「馬の背に乗ろうとすると振り落とされる、しかしいくら振り落とされても、再び馬の背に乗ろうとするようなもの」と表現されていた。

瞑想は習慣にしたいもののひとつだが、この瞑想についての表現はそのまま習慣全体を言い表しているとも思う。いくら習慣にしても習慣にしても、振り落とされ続ける。習慣はいつか崩れる。大事なのはそれを立て直し続けることだ。

「ふっかつのじゅもん」を書き残す

旅行でいつもと違う日々を過ごしたり、怪我をしたりすると、築き上げた習慣も数日から数週間で崩れてしまうことがある。

その対策のひとつは、うまくいっていた時の習慣がどういう流れで成り立っていたのか、細かく丁寧に書いておくこと。ぼくにとっては冒頭に記した「時間割」がそれに当たる。自分が実践できていた時の方法を書き残すことで、いつでもそこに戻れるという自信が湧く。

人は自分のことも忘れてしまうが、書けば思い出せる。書けばそこからまたやり直すことができる。「ドラゴンクエストⅡ」までセーブデータの代わりに使われていた「ふっかつのじゅもん」。それを自分で書き残しておくのだ。

そしてこの「ふっかつのじゅもん」でも対応できないこともあるだろう。引っ越したり、転職したり、結婚したり、子どもが生まれたりすれば、環境と共にあった習慣は変更せざるを得ない。

しかし、習慣を身につける方法は環境が変わった後でも大いに役立つと思う。子どものために朝起きたり、送り迎えしたり、飼い始めた犬の散歩をする習慣を新たに身につける必要があるかもしれないのだから。

環境だけでなく、自分自身もまた少しずつ変わっていく。もちろん年も重ねていく。生物学の本を紐解くまでもなく、昨日の自分と今日の自分は少し違っている。だからその時の自分にフィットする習慣にするために調整を続けていかなくてはならない。

習慣の達成に新鮮さを失わないために

作家のニコルソン・ベイカーは、習慣に基づいて仕事をしていたが、新しい本に取り組むたびに、ちょっと違ったやり方を試したという。たとえばそれはこんなふうだった。「これからはサンダルをはいて、裏のベランダで午後四時から書くことにしよう」（『天才たちの日課』）。そうして習慣に新鮮さを保つ。だから、ここに書いたぼくの習慣はとりあえずのもの。自分が飽きてしまわないように、変化や微調整は繰り返していく。

変えることについて、参考になるのは梅原大吾さんの言葉だ。「自分を変えるとき、変化するためのコツは、「そうすることで良くなるかどうかまで考えない」ということだ。もし悪くなったとしたら、それに気づいたときにまた変えればいい」（『勝ち続ける意志力』）。変えてダメなら、また変えればいい。

習慣を続けるということは、自分が作り上げた習慣に意固地になることとは違う。

STEP 55

習慣に完成はない

人は生きているかぎり、どう生きるかを学びつづけるのだ。

——セネカ（『手紙』76—3）

ぼくがミニマリズムについてひとつ勘違いしていたことは、それがどこかで「完成する」ものだと思っていたことだった。不要なモノを手放し切った時、「これでモノの悩みからは解放される」とどこかで考えていた節があった。

スティーブ・ジョブズのように自分が一生着たいと思う服が見つかれば楽だと思っていた。「一生白いシャツだけ着ていればいいのだ、超便利‼」と思ったこともあったのだが、東京から田舎に引っ越すと汚れやすい白シャツはほとんど着る機会がなくなった。

そして自分の興味に応じて、新しいモノが必要になり、また手放すものも出てくる。完成しないからこそまた、手に入れたり手放す喜びも感じられることができる。

ぼくが身につけたい習慣は、今のところこれ以上ない。だからと言って習慣が完成したわけではない。習慣を身につけることができても、より難しい課題に挑戦したくなるのだから。

習慣とは、習慣にし続けようとすること

人の心は何も課題がないところでも、無理やり課題を引き連れてきてしまう。人はどう見たって平穏な生活の中からも何かの不満や課題を次々に作り出し、乗り越えていかなければいけない悲しい存在だ。しかし、その課題を乗り越えることの中に報酬がある。課題に終わりはない。それはむしろ喜ぶべきことではないだろうか？

習慣を身につけることというのは、習慣を完成させることとは違う。

習慣はいつか崩れるし、人間は変化を求めるもの。

だから習慣に完成はない。

習慣とは、習慣にし続けようとすることである。

それは点線のようなもので、途切れ途切れだが、それをなぞれば確かに1本の線を引くことができそうだ。習慣とはそういうものだと思う。

4章

ぼくたちは
習慣で、
できている。

WE ARE MADE OF HABITS

習慣から見えてくる「努力」の正体

父親が飼っていた猫に向かって、「お前はえぇのう」と度々話しかけていたことを思い出す。猫は寝てばかりでのんびり暮らしているので、確かになんだか羨ましく見える時がある。鳥なら生まれながらに歌えたり、教わらなくても求愛のダンスが踊れるのに、人間は楽器を弾いたり、踊りを覚えるために努力しなければならない。なぜ人間だけが、努力しなければいけないのか?

ぼくは以前、人生を「苦しみの我慢大会」のようなものだと考えていた。努力という苦しみに耐えられた限られた者だけが勝利し、美酒に酔える。しかし、習慣について今まで見てきたことからすると、どうやら努力の実体はそれとは全然違うようだ。

1章では、どんな時に人の意志力が生まれたり、損なわれたりするかを、

2章では、他人から見て苦しいだけに見える行為の中にも報酬があることを、

3章では、その行為が習慣になるまでの具体的な方法や考え方を詳しく見てきた。

習慣についてここまで考えてくると、「努力」や「才能」の正体を探るヒントまでついでに手にしてしまったように思う。もちろんそのすべてを明らかにできるわけで

はない。しかし、その大枠をスケッチすることはできるのではないかと思う。そして、それは普通に考えられている意味とはどうも違うようなのだ。

イチローは努力していない?

まず、努力について考えてみよう。「血の滲むような」という枕詞がつくように、努力という言葉には苦しみを我慢するというニュアンスがつきまとうが、本当にそうだろうか?

たとえばイチローは子どもの頃から誰よりも練習していた。小学6年生の時の作文にすでに「三百六十五日中三百六十日は激しい練習をやっています」と書いている。オリックス時代には、他の選手なら20〜30分で終える打撃練習を2〜3時間していた。当時、仰木監督はイチローが懸命に練習する姿を見て「あれだけ練習すれば打てるわ。まぁ、普通の選手はあんな練習はできないがな」と言った［★4─1］。

そしてメジャーリーグでプレイした時もオフで他の選手が休む中、1人球場に通って練習した。どう見たって苦しい努力に見えるのだが、イチローはいつも「努力はしていない」と言っている。

村上春樹の努力はたいしたことない？

度々言及してきたように村上春樹さんは、長篇小説を書くときには、毎日原稿用紙に10枚書き、毎日1時間のランニングや水泳を欠かさない。

しかし、その村上さんもロングインタビューの中でこんなふうに言っている。「要するに、仕事にせよ、仕事以外のことにせよ、僕は好きなことを好きなようにやっているだけなんです。ストイックとかそういうのでもない。嫌なことはほとんどやっていないんだもの。好きなことで多少の努力をするくらい、そんなのたいしたことじゃないです」（『考える人』新潮社）。

すさまじい努力を続けているように見える人が、努力はしていないとか、自分のしている努力はたいしたことがないと言っている。ぼくはずっと、こういう言葉は一流の選手や作家ならではの謙遜だと思っていた。もちろんその努力を簡単に想像するわけにはいかないが、その意味が少しわかった気がする。

混乱の原因は恐らく、「努力」という言葉が2つの意味で使われているからだ。

努力と我慢を分けて考える

努力という言葉の中に含まれている2つの意味、ぼくはこれを本来の「努力」と、「我慢」に分けて考えたほうがいいのではないかと思っている。

ぼくはこの2つの違いをこんなふうに考えている。

●「努力」は支払った代償に見合った報酬がしっかりあること
●「我慢」は支払った代償に対して正当な報酬がないこと

特に日本で強いられがちなのは「我慢」だ。たとえば会社で働くことは「給料という報酬」を受け取ることだ。しかし、その報酬を受け取るためにさまざまな代償を支払っている。会社員が支払っている代償にはまず時間がある。それ以外にも、

●出社時間や、退社時間を自分で決められないこと
●嫌な上司や、取引先や、客を無視できないこと
●疲れが溜まっていたり、育児などあっても休みが取りづらいこと
●仕事に裁量がなかったり、言われたことをやるだけだったりすること

など会社によって異なる形で支払っている代償があるだろう。もちろん働くことで受け取る報酬は給料以外にもある。

●仕事が同僚や上司から褒められること
●チームで仕事を達成した時の一体感
●仕事が誰かの役に立っているという意義

しかし、もし毎日会社に行きたくないのに行っているのならすでに「我慢」に差し掛かっている。支払っている代償に見合う報酬があれば、人は自分で進んでする。報酬よりも支払っている代償の方が大きい時、人はやりたくないと思うのだ。

自分でそれを選んでいるかどうか

努力か、我慢かを分けるポイントは、受け取る報酬が支払う代償に見合っているかどうかのほか、それを「自分で選んでいるか」という点にもある。

ラディッシュ・テストで、ラディッシュしか食べられなかった学生たちは、意志力が下がったように見えた。しかしそれはこんなふうに見ることもできる。目の前にはチョコチップクッキーがありながら、「君たちはラディッシュしか食べてはいけない」と言われる。誰かに禁止されるのではなく、自分でラディッシュを食べることを選択したとしたら意志力は下がらないとぼくは思う。

そもそも誰かにこうしてはならないと禁止されたり、こうしろと命令されること、自分に選択権がないということ自体が自己否定感を生み、ストレスにもなる。

たとえばこんな実験もある。2匹の別々のケージに入れられているラットが、かわいそうなことに電気ショックを受ける。

2匹のうち、1匹のラットのみがレバーを押せるようになっていて、それを押すと2匹とも電気ショックから逃れることができる。この結果、レバーのないラットだけが慢性的なストレスの徴候を示し、体重の減少、潰瘍（かいよう）、ガンの発生率まで増大した[★4―2]。電気ショックを受けた時間は2匹とも同じだが、レバーを押すことができ、「自分には電気ショックを回避できる力がある」と思えたラットはストレスが少なかったのだ。

自分で選んだやりたいことをするのに必要な忍耐が「努力」。自分で選んでおらず、やりたくもないことをさせられる忍耐が「我慢」。と言うこともできる。習慣が続くのは、それが自分で選んだ行動だからだ。「好きなことなら続く」と言われるのは、たとえそこに苦しみがあっても、自分で納得して選んでいるからだ。

習慣にも我慢の段階がある

我慢というのは、上りしかない山を延々と登り続けさせられるようなものだ。そこには頂上での眺望も下りの気楽さもない。

努力はそうではない。もちろん上りはところどころにあって苦しいが、頂上に立てば達成感があるし、下り坂も爽快だ。がんばりに見合った報酬があるのだ。

ぼくは習慣を身につける時にも、最初は「我慢」の時期があると思っている。最初は、ただ苦しかったり、身体がキツかったりして支払う代償の方が大きい。だから三日坊主になる。

そしてその我慢の時期を乗り越える方法が、3章で記してきたことである。我慢の時期さえ突破すれば、正当な努力のゾーンが待っている。ここにたどり着けば、習慣は苦しいだけの行為ではなくなり、それに見合った報酬を受け取ることができるようになる。

我慢と努力の違い

「我慢」は上りだけで、支払った代償に見合った報酬がない

「努力」は山頂に立つ達成感や、下りの爽快感という報酬がある
ただし、習慣にするまでには「我慢」の段階がある

自分基準の努力でいい

時には、他人がしている努力が眩しく見えることもあるだろう。100kgのバーベルを歯を食いしばり奇声をあげながら持ち上げている人を見ると、自分の努力なんて取るに足らないものに思えてくる。

しかし、人生で初めてジムに来て、勝手もよくわからないまま20kgのバーベルを上げさせられている人がいたとしたら、ぼくはその人がしている努力は、慣れた人が100kgのバーベルを上げる以上のものだと思う。誰かがしている努力がどんなものなのか他人から見て測るのは難しい。

この問題について、『脳を鍛えるには運動しかない!』の中で紹介されている、ぼくが大好きなエピソードを紹介したい。

中学の体育教師、フィル・ローラーは、体育の授業の測定に「心拍数」を取り入れた。そしてある時、11歳の女の子に心拍計をつけて走ってもらった。彼女は運動が苦手だったので、タイムは良くなかった。しかしタイムではなく、心拍数に注目すると話が一転する。心拍数は一般的に220から自分の年齢を引いた値を理論上の最大値とみなす。そして、その心拍数の記録を見たローラーはわが目を疑う。彼女の平均心拍数が187を記録していたからだ。

11歳ということは、最大心拍数はおおよそ209。そしてゴールした瞬間には心拍数は207まで上がっていた。つまり彼女はほぼ全速力で走っていたことになる。ローラーはその時のことを振り返りこんなふうに言う。

「おいおい！　嘘だろう？　思わずそう言っていました。いつもなら、その子のところに行って、もっと真剣に走らなきゃだめだ、と注意していたところです」。

「思い起こせば、教師がほめてやらなかったせいで、どれほど多くの生徒が運動嫌いになってしまったことでしょう。実際のところ、体育の授業であの女の子はだれよりもがんばっていたのです」。

速いタイムで走れることと、自分のベストを尽くしていることは別だ。このエピソードはなぜか何度読んでも涙が出てきてしまう。運動が苦手なその女の子は、胸を潰しそうにしながら、誰よりも懸命に走っていたのだ。

習慣で読み解く才能

プロの作家とは、書くことをやめなかったアマチュアのことである。

——リチャード・バック［★4—3］

ぼくは習慣を通して、「才能」というものへの考え方も変わった。才能はあらかじめ与えられているもの、とぼくも思い込んでいた。遺伝と密接に結びつき、生まれつき才能は振り分けられていて、それがある人とない人がいる。自分も「ない人」として生まれたように感じていたから、とても不公平だと思い込んでいた。

しかし、なぜだろう。どうみても天賦の才能を持っているような人も自分には才能がない、と公言していたりする。

天才には才能がない？

高橋尚子さんは、言わずと知れたシドニーオリンピックの女子マラソン金メダリストだ。高橋さんを指導したのは小出義雄さんだが、小出さんは高橋さんに「お前には素質がないんだ。だから、トレーニングは世界一やらなくちゃいけない」といつも言っていたという（小出義雄『マラソンは毎日走っても完走できない――「ゆっくり」「速く」「長く」で目指す42・195キロ』角川SSC新書）。

世界の頂点、金メダリストになるにはどう考えても素質が必要で、天才でなくてはと思うのだが違うのだろうか？　あるいはこの本の冒頭であげた坂口恭平さんもこんなふうに言っている。「『あなたは才能があるから、他の人は違うのよ』と言う人もいるが、10年前は『才能ないんだからやめなさい』って言われたからね（笑）。継続ってすごいでしょ？」（坂口恭平さんのツイッターより）。

村上春樹さんだって、29歳になるまでは一生趣味を楽しむ人間であればいいと思っていた。読書をし、音楽を聴き、猫を飼うことさえできればいい。インタビューでは「自分に何かクリエイティブなことができるかもしれないとは、当時考えもしなかったですね。そんな才能は自分にはないと思ってたから」と答えている（『考える人』）。

アインシュタインもダーウィンも凡人？

こんな風に天才たちは口を揃えて、「自分は凡人だ」と言う。チャールズ・ダーウィンは自伝で、自分のことを直感的な理解力や、記憶力がないと嘆いたという（『やり抜く力』）。

アインシュタインも、自分は特別頭がいいわけではなく、ただ問題により長く取り組んだだけだと言っている。ダーウィンやアインシュタインが天才でなければ、誰が天才だと言うのだろうか？

ダーウィンは自分が普通の人より優れているところがあるとしたら、「自然科学に対して尽きせぬ情熱を持ち続けていること」だと言った（前掲書）。アインシュタインはこうだ。「わたしには、特殊な才能はありません。ただ、熱狂的な好奇心があるだけです」（ジェリー・メイヤー、ジョン・P・ホームズ『アインシュタイン150の言葉』ディスカヴァー・トゥエンティワン）

2人とも自分のことを特別に優秀だと思っていたわけではない。しかしそこには汲めども尽きぬ情熱があった。だから難しい問題に人よりも長く取り組むことができた。優秀さよりも継続の方が自分にとっては重要だったと言っているわけだ。

では、才能は与えられるものではなく、もともとなかったところに後から生まれてくるものではないのか？　リチャード・バックの言うように、人はプロになれる才能とともに生まれてくるわけではなく、継続の果てに才能に辿り着くのではないだろうか？

才能は珍しいものではない

アンソン・ドーランスは、アメリカの女子サッカー史上最多勝のコーチで、31年間に22回の全国優勝を果たしているが、才能についてこんなことを言っている。「才能は珍しいものではない。偉大な選手になれるかどうかは、才能を伸ばすためにどこまで努力できるかにかかっている」(『やり抜く力』)。
自身のチームが華々しい成績を収めているのは、才能を見抜き、スカウトする力があるからではなく「入った選手を鍛え上げるからです」と言い切っている。

地味すぎる才能の真実

チャンピオンは、誰にも見られないところで汗だくになって、疲れ果てている人のことだ。

――アンソン・ドーランス [★4—4]

先に、優れた競泳選手を長年に渡って研究した社会学者ダニエル・チャンブリスの言葉を紹介した。彼は論文でこう書いている。

●最高のパフォーマンスは、無数の小さなスキルや行動を積み重ねた結果である
●選手たちがやっていることには、特別なことや超人的なところは何もない
●継続的な積み重ねで、卓越したレベルに到達した

この論文が言っていることは恐ろしく当たり前の話で、コツコツやったもん勝ちだということだ。あまりに当たり前すぎて、同僚から評価もよくなかったそうである。人はもっと刺激的な内容を期待する。「すべては遺伝子が決めている！」「天才になるには、3歳までの教育で決まる‼」とかなんとか。しかし事実は地味だ。ただ習慣をコツコツ継続すること。習慣の継続が才能を作り上げる。

天才たちが自分は才能がないとか、凡人だとか言うのは、天才にたどり着くまでに本人が経験してきた行程があまりに地味だからではないだろうか？

天才を自分と切り離してしまう

天才って便利な言葉だよね。だって、天才っていったら、努力もしないで持って生まれたものだけでやってきたように思われてるんじゃないかなあ。

——福原愛（生島淳『愛は天才じゃない——母が語る福原家の子育てって？』）

しかし、ぼくたちが憧れるのはいつだって、天才たちの物語だ。フィギュアスケートの羽生結弦選手や、体操の内村航平選手の完璧な演技を4年に1度見ると、次元の違う天才に見えるし、その素晴らしさに熱狂し、陶酔して一体感を感じたくなる。アンジェラ・ダックワースは、この傾向について、ニーチェのこんな言葉を紹介している。「あまりに完璧なものを見たとき、我々は「どうしたらあんなふうになれるのか」とは考えない」。

「天才というのは神がかった存在だと思えば、それにくらべて引け目を感じる必要がないからだ。「あの人は超人的だ」というのは、「張り合ってもしかたない」という意味なのだ」。

こんなふうに才能や天才という言葉は誰かへの賞賛のためではなく、その人たちを自分と切り離して考えたいために使われることの方が多いのではないだろうか。自分が太刀打ちできない能力を目にしたときに、それは自分の力が及ばないところで発生したと考えるほうが安心できる。

足し算の才能、掛け算の才能

では、人によって違いはなく、努力さえ続ければ誰でも天才たちと同じになれるかと言えば、もちろんそうではないとぼくも思う。

我慢と努力を分けて考えたように、ぼくは「才能」という言葉の中にある本来の「才能」の意味と「センス」という意味も分けて使いたいと思う。

歌人の俵万智さんは「足し算の才能」と「掛け算の才能」があると言っている（『角川短歌』2018年3月号、KADOKAWA）。同じ経験をしたとしても、それを足し算でしか積み重ねていけない人と、掛け算のようにして、すばやく結果に到達できる人がいる。

この違いをぼくは「センス」と呼びたいと思う。ぼくが考えるセンスと才能の違いはこうだ。

●センス＝習得するスピードのこと
●才能＝継続した結果、身につけたスキルや能力

たとえば語学をすぐに身につけてしまうような人はいて「センス」があると言える。センスがあると、かけた労力に対しての成長のリターンが大きい。しかしセンスがなくても、諦めずに継続していけば、たとえそれが足し算でもいつか同じ「才能」にたどり着けるのではないか？

才能がなかったのではなく、止まっただけ

己よりも遥かに乏しい才能でありながら、それを専一に磨いたがために、堂々たる詩家となった者が幾らでもいるのだ。

——中島敦（『山月記』）

最初にあるのは、ほんの少しのセンスの違いだ。絵を描く授業ですぐにコツを摑み「君は絵がうまいね」と褒められた子どもがいたとする。

絵を描けば褒められるという報酬があるので、嬉しくなってまた描く。授業中もひたすらノートに落書きする。自分はできる！という自己効力感が生まれてくるので、お手製の連載漫画をクラスメイトに披露したりするかもしれない。そこでも褒められるからまた描く。そうして描くこと自体の機会が多くなりなおさら上手になっていく。いつしかその子どもは美大に入りたいと思うかもしれない。しかしそこで、自分ぐらいの絵が描ける人なんて世の中にごまんといることに衝撃を受ける。その頃は、褒められるのは自分ではなく別の誰かになっている。描いても報酬が得られないので、描く機会が減る。そして「私には才能がなかった」という。

続けていいさえすれば、足し算しかできないセンスでも、才能は累積していく。しかし、自分よりさらにセンスのある人の習得のスピードを見ると自分がやっていることがバカらしくなったりしてやめる。才能がなかったと言うより、単に継続をやめたので才能がそこで止まっただけではないだろうか。

諦めることは、明らめること

もちろんすべての人がその道のプロになったり、一流になれたりするわけではないだろう。その人の限界はどこかに必ずある。ウィリアム・ジェームズはこれを「木が空まで伸びない」ことと同じだと言っている（『やり抜く力』）。

為末大さんは100m走でメダルを取りたかったが、自分の身体条件を鑑みて400mハードルに種目を変更したそうだ（為末大『諦める力——勝てないのは努力が足りないからじゃない』プレジデント社）。ジャマイカに生まれ落ちたわけでも、身長が2m近くあるわけでもないなど、人には変更できないことがある。だから為末さんは100m走を諦めた。しかし諦めることは「明らめる」ことだと為末さんは言っている。単に諦めたのではなく、自分の限界を「明らか」にしたのだ。

病気をしても納得する

ぼくがしたいことも同じだ。ぼくがしたいのは、自分の限界を知ることであり、自分の「分」を知ることだ。そこで潔く、諦める＝明らめることだ。自分の限界を明らかにして、それに心底満足したいのだ。

病気で考えるとわかりやすいかもしれない。ぼくは今、たっぷり睡眠を取って、3食自炊して玄米や野菜を取り、毎日運動している。酒もタバコもやらない。健康診断の問診票ならオールAというところで、もうこれ以上何か健康に気を遣えるところもない。

それでもぼくは、いつか病気になってしまうかもしれない。その時、ぼくはそれを快く受け入れることができると思う。ぼくはできることをすべてやったのだから。その病気はぼくに備わっていたものであり、ぼくはそのことを諦められると思う。

才能なんて言葉は、忘れてしまえばいい

ここで思い出すのが武井壮さんのツイッターの言葉だ。「才能を語るなら相手の努力を越えてからだよ」。小さな子どもが洋服のボタンを留めようとする。何日か挑戦してもできない。その時、「自分にはボタンを留める才能がない！」と言い出したらどうだろう。朝の一連の行動をなんなくこなす大人を子どもが見て「天才だ！」と騒ぎ出したとしたらどうだろう。

ぼくたちがついやってしまうのは、これと同じようなものだ。限界のはるか手前で、

どこまで伸びるかわからない挑戦を諦める理由として「才能」という言葉を使ってしまっている。「才能がない」から諦めるのだと。

センスには違いがあり、限界には違いがあるのだろう。しかし、それは習慣を継続したはるか先に考えればいいことだ。才能なんて、普段はまったく話題にする必要がないはずなのだ。

遺伝の問題はどうか

才能は与えられるものではなく、継続の果てに作られるもの。では親から受け継いだ遺伝子はそこに関わっていないのか？　もちろんその影響はあるに違いない。

たとえば、ミュージシャンの小沢健二さんの親族はすさまじい。本人が東大を卒業していて、父親はドイツ文学者で母は心理学者、叔父は小澤征爾さんで、その他の親族も有名人ばかりだ。こんな例を見ると、才能は自分とは次元が違う場所で生まれたように見える。

しかし親族にその道のプロがいれば、小さな頃から触れ始めることができるし、その進路に進もうとする時に一般家庭より反対されにくいはずだ。親族がプロなら、自分にだってできるかもしれないというポジティブな影響もあるだろう。こういった後天的な要素を、遺伝子検査でどうやって測るというのだろう?

遺伝か、環境かに対する答え

できることに集中すること、できないことで後悔しないこと。
それが私のアドバイスだ。
——スティーヴン・ホーキング［★4―5］

人を決めるのは、遺伝か、環境か。長らく議論が行われてきたこの複雑な問題の答えはほぼ見えてきている。

カナダの心理学者、ドナルド・ヘッブは遺伝か、環境かの問いに対して「それは、長方形の大きさを決めているのは縦の辺の長さと横の辺の長さとどちらかと問うようなものだ」と答えている（『マシュマロ・テスト』）。ぼくのお気に入りは、ウォルター・ミシェルの表現だ。

「私たちが何者かは、環境と遺伝子が緊密に絡みあって織り成すダンスから現われ出てくるのであり、そのダンスはどちらか一方だけに還元することは不可能である」。男女2人で踊るダンスの美しさ。それを作り出している原因が、2人のうちのどちらにあるかなどと、問うても意味はないのだ。

無限だと考えるほうが有効

スヌーピーはこう言った。「配られたカードで勝負するしかないのさ」。配られたカードには、遺伝子の影響を受けたものがあるだろう。しかし習慣を通して、そのうちの何枚かはポーカーのように交換することができるはずだ。

心理学者のキャロル・ドゥエックのチームが突き止めた大切なことがある。意志力のテストで、意志力は何かすれば減ると考えた人よりも、それが無限だと考えた人のほうがテスト成績がよかったのだ。意志力が実際に減るかどうかは置いておいて、ともかく意志力が減らないと考えるほうが有効だったというわけだ［★4—6］。

才能と遺伝の問題もこれとまったく同じだと思う。少なくとも、遺伝で決まっている要素が大きいと考える人よりも、継続で変えられる余地が大きいと信じている人のほうが、遠くへ到達できることは疑いようがない。

自分が意識高いだけ？

習慣を実践していると、こんなことをやっているのは自分が「意識が高い」だけなのかな？　と思うことがあった。お酒も甘いものも断ったぼくの様子を見て、友人からは「お前の生き方は、俺はええわ」と言われてしまった。

心理学者のバリー・シュワルツは、人を2つのタイプに分けた。「今聞いているラジオで満足する人」と「次々とチャンネルを変えて満足できるものを探すタイプの人」［★4―7］。

前者は「そこそこ満足派」で、たとえば服を買うのでも適当な服を見つけたら満足できる。後者は「完璧主義者」で最高の1枚を求めて、服を買うのにも苦労してしまう。ぼくは完全に後者のタイプなのだろうと思う。完璧主義者は満足できるものを見つければ喜びを感じるが、そのために払う心理的、物理的な代償は大きい。目標を最大限に追求すると、本人の幸福なんてそっちのけになったりする。

ぼくは習慣を実践できないとすぐに落ち込んでしまうが、これも同じだと思う。こんなふうにすぐに落ち込んでしまう人は、自分に対する期待感が高い人とも言える。

他人から見れば取り立てて優れたところがなくたって、幸せそうな笑顔を絶やさない人がいる。才能と幸せの問題はまったく別の話だとつくづく思う。すでに幸せである人たちにとって、好ましい習慣を身につけなさい、努力しなさいなんて、ぼくは言わなくてもいいのではないかと思っている。

最大の報酬は、自分を好きになれること

世界が何を必要としているかを問う前に、あなたが何をしたら元気になるかを問いかけなさい。なぜなら、世界は元気な人々を必要としているのだから。

――ハワード・サーマン［★4―8］

ある若い女優の言葉で忘れられないものがある。それは「がんばる自分は好きになれる」という言葉だ。習慣を達成することで得られる報酬はいろいろとあるが、最大の報酬は自己肯定感、自分を好きになれることではないかと思う。

ある日ツイッターを見ていると、こんな言葉が飛び込んできた。「えらいてんちょう」こと矢内東紀(やうちはるき)さんがつぶやいていた言葉だ。「ほとんどのひとにとって有効な目標は「機嫌のいいひとになる」ことではないでしょうか」。

ぼくは基本的に恐ろしくテンションの低い人間だが、それでも1日の習慣をすべて達成できた後はテンションが高い（当社比）。今日やるべきことをやった、という実感があると、どうやらぼくはごきげんになれるようなのだ。

うまくいっていてごきげんだと、他人のがんばりも応援できる。他人を槍玉にあげたくなるのはうまくいっていない時だ。やりたいことに夢中になっているときは、他の人が何をしようが大して気にならない。

しかし、やりたいことができず、自分のことを否定している人は、他人の努力の結果を大したことがないと打ち消したくなる。これは自然な心の防衛反応だと思う。

こんなふうに生産性のない批判が始まる理由は、自己否定からであることが多い。涙目では現実が歪んで見える。ハワード・サーマンが言うように、まずは自分のことをごきげんに保ちたいものだ。

誰もが超一流を目指すわけではない

アスリートや音楽家、学者など世界のトッププレイヤーたちを研究したアンダース・エリクソンは、超一流の人物の中に「練習が楽しい」と答える人など1人もいないと言っている（『やり抜く力』）。

たとえば、マラソンでは今2時間を切ろうという取り組みが行われている。マラソンのようにはっきりとした記録で勝負するものは本当に厳しい。それは今まで生きてきた人類のなかで、誰よりも速く走ろうとする行為であり、想像を絶する努力が必要だろう。

快適領域を越え、限界を超える負荷をかけ続ける練習は、決して楽なものではないはずだ。しかし、ぼくたちが目指すことはそれとは別でいい。人にはそれぞれ、自分の中に「審判員」がいると思うからだ。

ぼくは自分が決めた習慣を達成できないと凹んでしまうので、それなりに厳しい審判員を抱え込んでいると言える。しかし、たとえ早起きできなくても、運動できなくても本人が「まあいいか」と納得できたりごきげんでいられるならば、ぼくはそれでいいのではと思っている。

以前、高校時代の友人に久しぶりに会ったら、とっても太っていた。「でも、もういいかなと思って」と笑っていた。「諦める＝明らめる」ことができているわけだ。ぼくが目指すのは同じ状態ではないけれど、必要としているのはこの友人と同じ「納得」だ。

習慣＝ただの原始の暮らし?

複雑なもののこちら側にある単純さは、手に入れるに値しないが、複雑なものの向こう側にある単純さは、どんな犠牲を払ってでも手に入れたい。

――オリバー・ウェンデル・ホームズ

ぼくが今やっている習慣は、結局とてもシンプルなことばかりだ。ジョン・レイティはこう言っている。「祖先の日常の活動を真似しなさい、というのがわたしに言える最善のアドバイスだ」。

祖先の日常の活動とはこうだ。夜明けとともに起き、日が沈めば休む（睡眠）。長すぎない時間、狩りをしたり食べ物を集めるために移動し（仕事、運動）、自然や年長者から教えを受け（学び）、歌ったり踊ったりする（趣味、芸術）。

こういった行動を取るために最適化された仕組みが人間の身体には備わっている。運動すれば学びのためのニューロンが成長しやすくなったり、運動の苦しみがあると、陶酔感さえ感じられるストレスホルモンが放出されることなど、この本でもたびたび見てきた。

しかし、現代のように交通機関が発達すると運動せずにすむようになり、美味しいものの食べ過ぎで身体が動かなくなることもある。そうなると人に本来備わっている喜びすら感じづらくなる。

車を買い、旅行を楽しみ、美味しいレストランに行き、子どもには教育を受けさせる。人間1人が生きていくためのコストが今は膨大だ。すると大事な睡眠時間まで削って働き、そのコストを稼がなければいけなくなる。なんだか本末転倒な話だ。

ぼくは今、かつては生きてさえいれば自然に感じられていたはずの喜びを、遠回り遠回りしてようやく、習慣を通じて得ているように思う。それは、オリバー・ウェンデル・ホームズが言うように、複雑なものを経て行き着いた、至極単純なものだ。

生きることと成長が結びついていた時代

かつての暮らしは「成長の喜び」に溢れていたのではないかと思う。それは仕事が分業化されていなかったからだ。

たとえば狩猟採集生活で学ばなければいけなかったのは、獲物を追跡し、仕留める技術だけではない。環境から天候を読み水を探す。縄を編み、器を作る。自然素材で工夫して家を建てる。絵を描いたり、占いをしたりする。生涯学んでも学び尽くせないようなたくさんの驚きがそこにはあったはずだ。

そこまで遡らなくても、ほとんどの人が会社員として働くようになる戦前までは日本でもそうだった。百姓というのは百の仕事ができる人という意味だ。生きれば生きるほど学んでいくことは多かったのだから、自然と年長者も敬うことができた。その時までは、生きることが成長することと直接結びついていた。

なぜ人は成長を求めるのか？

グレゴリー・バーンズによれば、ドーパミンがたくさん分泌されるのは、予想外の何かに出会ったり今までにしたことのない行動を取る時、つまり「新しさ」を感じた時だという。

グレゴリー・バーンズはドーパミンが新しさに反応することについて、環境についての新たな情報を手に入れることが何より生存のために役立つからではないかと推測する。

心理学者のロバート・ホワイトは、こんな主張をした。人は、自分が置かれている環境の情報を集め、環境に働きかけられる能力を高めようとする。そして自分が環境のために何ができるのか、自らの有能さを確かめたくなる本能があると（ジョナサン・ハイト『しあわせ仮説』藤澤隆史、藤澤玲子訳、新曜社）。

ナスDさんのサバイバル生活や、映画の『キャスト・アウェイ』など無人島への漂流ものにワクワクしたことがある人ならこの本能はよくわかるのではないだろうか。

ホワイトはこの本能を「コンピテンス」と名付けた。

移動生活をしていた1万年前なら、このコンピテンスの本能は存分に感じることができただろう。定期的に住まいが変われば、その都度新しい環境を探索する楽しみもあるし、その環境をコントロールしていく楽しみもある。人の好奇心や成長を求める気持ちというのは、おそらくこういった本能のようなものから発生している。

成長を意図的に求めなければいけない時代

現代人にとって成長の機会は、移動生活を祖先たちと違い意図的に求めなければいけないものになっているように思う。

ぼくの例をあげよう。食べられる雑草を調べていると、道路脇に生えている草をまじめに見るようになり、風景が変わった。左官や床張りのワークショップに参加すると、お店のリノベーションの方法に目が行き、モバイルハウスを作ろうと建築をかじり出すと、お寺の見方が変わった。ゴムボートで川下りを経験すると、車窓から見える川を「どうやったら下れるか？」という目線で見るようになった。

自分の関心のレイヤーを増やすと、そのレイヤーで受信できるものが増えて、以前とは違った世界が立ち現れてくる。しかし、食べられる草を見分けたり、家を建てたり、川下りしたりというのは、かつてなら生きているだけで自然に身につけられていた知識や体験なのではないかと思う。現代はそうではないのだから、成長の機会を意図的に求めなければいけない。

もし、自分なりの成長の機会を開拓していかなければ、世間に用意されている「お仕着せ」の楽しみしか喜べなくなってしまう。遊園地もスマホのゲームも楽しい。それは誰でも楽しめるように設計されているから。しかし「こうやって楽しんでくださいね」という楽しみ方が決まっているものは、いつしか飽きてしまう。そうしていつしかそういう楽しみしか楽しめない自分自身にも飽きる。

自分ならではの成長の機会を習慣にし続ける。そして自分自身を「新しい」ものとして感じられること。それは人の本能を満たすことなのだ。

幸福の財布には穴があいている

成功に囚われるな！　成長に囚われろ！

——本田圭佑

成長が必要だと思う理由はほかにもある。それはぼくが幸福というものが貯金できないものだと思っているからだ。幸福の財布の底には大きな穴があいている。

オリンピックで活躍した選手がうつになったり、アポロ計画の宇宙飛行士も同じような症状に見舞われた人がいたことは先にも紹介した。ぼくにも規模は全然違うが同じような状態が訪れた。前作の『ぼくたちに、もうモノは必要ない。』は大いに売れて、25カ国語に翻訳されることになった。次々に増刷され、日本や海外で数百社のメディアに取り上げられた。今でも海外から「人生が変わった」というありがたい感想のメールが来る。

傍から見れば、大きな成功だろう。まったく無名の個人が成し遂げたこととしては充分すぎる内容だ。しかし、何かを成し遂げたことなんてあっという間にひとつの参照点になってしまった。

インタビューで同じ内容を話してばかりいると、自分自身が空になっていくような感覚があった。日記を見返すと、本が売れ成功した直後から、たびたび自分のことを苛(さいな)んでいる。お酒を飲みすぎては凹み、仕事に手応えを感じられなかったといっては凹んでいる。囚われるべきは、成功ではなく成長。本田圭佑さんが言った意味がよくわかる。

幸福はお金とは違う。お金のように、過去に貯めた「幸福貯金」を、日々取り崩しながら今日の自己肯定感を補えるようなものではない。

意志力は、直前の行動の影響を受ける。直前に何かを達成できたら、自己肯定感が生まれる。だから、毎日毎日の満足感や成長の手応えが必要なのだ。過去の達成を誇ることでは、自己肯定感は得られない。

不安は消えない、不安とうまく付き合う

習慣を通じて毎日手応えを感じていると、不安ともうまく付き合っていけるようになった。ぼくのようなフリーランスには不安がつきものだ。「このまま仕事は続くのか？」「貯金はあとどれぐらいあるんだ？」。しかし、そういう不安も今はあまりない。そういった不安が襲ってくるのは「貯金が実際にこれぐらい減った」という時ではなかった。それは手応えのある仕事ができず、ダラダラしてしまった1日の終わりに襲ってきた。貯金の残高など客観的な事実が原因だったのではなく、ぼくが後悔したことをきっかけに、不安は襲いに来たのである。

例えば体重のような問題でもこれは同じだった。しっかり運動し、節制した翌日に体重が増えていることもある。しかし、そういう時にぼくは全然凹まないことに気がついた。やるべきことをやっている時に、結果が出なくても気にならない。凹んでしまうのは、やるべきことをやっていないと、自分で知っているときだ。

不安や悩みというのは本当に「気分」の問題なのだ。問題自体ではなく、それをど

う捉えているかという気分の問題だ。だからぼくは気分が落ち込めば走る。脳の血流を良くし、ドーパミンやコルチゾールに助けてもらう。そうすると、気分が晴れ上がり、問題なんて自分はどうとでも解決できると思えるようになる。

不安は人に必要なもの

痛みは嫌なものだが、それは必要なサインだ。足を骨折したのに痛みがわからなければ、患部をかばえず悪化させてしまうことになる。疲れも同じ。その1日が充実したものであり、何かを達成したことを教えてくれるサインでもある。

不安だってそうだ。それがなければ、人はただ後先考えずに無謀な行動を取ってしまう。不安があるから計画だって立てようと思うのだ。過剰な不安はまずいが、適度な不安があるということは自分が新しいことにチャレンジしているというサインでもある。俳優の大杉漣さんは「経験を重ねても不安は消えない、不安と一緒にやるしかない」と言ったという。大杉漣さんのような大ベテランで、経験値が高い人でも不安がなくなることはなかった。不安をなくそうとするのではなく、いつまでもあるものとして捉えたほうが良い。習慣を実践していると、物理的に悩む時間がなくなるということは先にも述べた。不安は決してなくならないが習慣で毎日手応えを感じていると、不安と上手に付き合っていけるようになる。
不安は未来に対して感じるものだ。そして今日を積み重ねた先に未来がある。もし1日1日を満足感とともに終えられたなら、その積み重ねが、おかしなものになるはずがないではないか。

心は、習慣でできている

心を変えれば、態度が変わる。
態度が変われば、行動が変わる。
行動が変われば、習慣が変わる。
習慣が変われば、人格が変わる。
人格が変われば、運命が変わる。
運命が変われば、人生が変わる。

――ヒンズー教の教え

さて、習慣の仕組みが働いているのは、早起きとか、運動するなどの新年の目標にありがちなものだけではない。ぼくたちの心もまた、習慣でできている。たとえば人が自然と発する言葉も、「あまり考えずに行う」という意味では習慣であるものが多い。

小学校にあがる前くらいの子どもが、バスから降りていく。その時に運転手に大きな声で「ありがとうございました！」と言う。そんな風景を見ると微笑ましい気持ちになる。しかし大人になるにつれ、感謝の言葉をいつの間にか言わなくなってしまう。料金を支払っているとはいえ、その運転がなければ目的地にたどり着くことはできない。感謝の気持ちを示したからといって、料金が跳ね上がることもない。感謝の気持ちを示せば運転の仕事のやりがいも増えるはずだ。そう思ったぼくは、バスを降りる時に「ありがとうございました」と言うことにしようと思った。

しかし、こんな簡単なことでも最初は身構えてしまう。料金を支払うために、財布を準備するあたりでドキドキしてくる。なぜかといえば、他の人はほとんどやっていないから。しかし何度も何度も実践するうちに、特に考えずともバスを降りる時に感謝の言葉が出てくるようになった。習慣になったのだ。

親切と笑顔の習慣

通勤している時に誰かがハンカチを落としたら瞬間的に拾ってあげる。それは考えて行う行動ではない、親切の習慣だ。ぼくがニューヨークに行った時に感動したことは、重いベビーカーを運んでいる人などを見ると、誰もが迷いなくすぐに手伝うところだ。反射のように、親切が習慣になっている。日本人だとみんな手伝いたいと思ってはいても、ちょっともじもじしてしまう。

意志力は単純にエネルギーや労力で減るものではなく、ポジティブな感情で回復することを思い出そう。ちょっとした親切は、双方に喜びを与えるだけでなく、親切の後には続く課題にさらにうまく取り組めるようになるはずだ。

笑顔が素敵な人がいるとその笑顔は他人にも伝染する。ぼくは笑うのが苦手で口の周りの表情筋が固まっていた。だから、自宅の鏡を見たら笑う習慣を作った。気持ち悪い話だが、何度も何度もやっていると、鏡を見ただけで自動的に笑えるようになってきた。今でも人に笑顔を見せるのは苦手だ。でも習慣にしていると、写真に撮られたりする時に以前よりも少しはマシになってきた。自分の性格だと思っていたことだって、ちょっとした習慣で変わっていく。

思考の習慣

ぼくはしゃべることもとても苦手だと思っていたけれど、ミニマリズムを紹介するために一念発起してラジオにもたくさん出た。するとなぜか、何を聞かれてもするすると答えが出てくる。

それもそのはず、ミニマリズムについて長い間考え続け、本を書く中でも、想定される質問に対して何度も何度も自分に問いかけ続けてきていた。だから質問はぼくにとっての「トリガー」であり、返す答えは自分にとってすでに馴染みがある「ルーチン」だったわけだ。

おそらく人が苦手なのは、しゃべること自体ではない。考えたこともない問題に対して、突然コメントを求められたらどんなに頭のいい人でも口ごもってしまうだろう。こんなふうに、パッと出てくるその人の思考は、習慣で形作られたものだと言える。ぼくがミニマリズムについて考え続けたことによって、反射的になった思考はいろいろある。

モノはあるほど豊かだという価値観が支配的な中で、モノが少ない豊かさもあると知った。すると「今の世の中で信じられている価値観は本当なのだろうか？」と思考する習慣ができた。

何かを得れば何かを失うし、何かを失えば何かを得ることもわかった。ここから身についた思考の習慣は「自分が持っていないことによって、得ている価値とは何だろうか？」と問いかけること。

それはたとえばこんなふうだ。公園でピクニックをしている幸せそうな子ども連れの夫婦を見ると、ぼくのような人間にも眩しく見えることはある。しかし次の瞬間、自分が得ている気ままさや自由の大きな価値に思い至るようになった。

大事なことをいちいち点検して考えずとも、自動的に思い至るようになること。それが思考の習慣だ。

何度も何度も選んできた価値観は、いずれ習慣となる。ほとんど意識で判断せず、選べるようになる。

高城剛さんは、自分の著作をKindle Unlimitedに入れるかどうか質問された時にこう答えた。「新しい方で」（高城未来研究所『Future Report』Vol.270）。何か選択肢がある時は、詳細を調べるよりもとにかく新しい方を選ぶ。岡本太郎が選ぶ選択肢もいつも決まっていて「自分にとってマイナスだな、危険だなと思う方」。常により難しく、成功をぶち壊しにするような挑戦を選んだ（岡本太郎『自分の中に毒を持て』青春出版社）。

選択肢を意識で悩むのではなく、習慣によって即決する。人には、すべての選択肢を詳細に検討して、どれがベストなのかを選ぶ能力がない。しかし自分が信じている価値観で選んだ選択肢なら、結果がどうであれ受け入れることができる。

人にできるのは、あとから見た時に、選んだ選択肢をベストだと「思い込む」ことだけだ。だから、それを知っている人はとにかく判断のスピードをあげるのだ。

習慣は、今この瞬間に作られている

ウィリアム・ジェームズは習慣を「水路を穿つ水」に喩えた（『習慣の力』）。何もないところに水を流しても、最初は通りやすい道がないので、流れは拡散するだけでうまく流れない。

しかし何度も何度も水が流れるうちに道ができ、それは深く広くなっていく。その水の流れは、神経回路とそっくりだ。刺激を受けてニューロンに電気信号が流れ、流れるたびに結びつきは強まっていく。

「人は、その人が1日中考えている通りの人間になる」という言葉があるが、その通りだと思う。人が1日に考える7万もの考えのそれぞれが、自分の中で反響され、少しずつ少しずつ影響を与えていく。何度も何度も考えたことがその人の人格を作っていく。

他の誰かや神様すらも忙しすぎて自分がしていることを見てくれないかもしれない。でも自分の脳は、自分が考えていることや目にしていることに、今この瞬間も影響を受け習慣を作り続けている。

怠ける苦しみ、活躍する苦しみ

知性は物事を排除するためにあるんじゃなく、受け入れるためにある。

――映画『グリニッチ・ビレッジの青春』

ぼくがダラダラと怠けてばかりいた半年間。確かに楽しみもあったが、成長の喜びも満足感もなく、苦しいものだった。

動けない人、働けない人を見て、人は「怠惰だ」と責めることがある。それで追い詰められた状況になってしまうと「自己責任」だと言う。しかし、ぼくは怠けたり、楽しんでいるだけの状態が、喜びでもなんでもないことを知っている。そこには自己肯定感も自己効力感もない、本当に辛い状態なのだ。

一方で活躍している人たちだって苦しんでいる。大きな収入や、人からの称賛など受け取っている報酬は多く見えるかもしれない。しかし、その人たちがしている努力には苦しみがあり、コミュニティやフォロワーから感じているプレッシャーだって大きい。

イチローはもう一度生まれ変わったら同じ道を選ぶかと問われた時に、「絶対嫌です」と答えている（『プレジデント』2016年2月15日号）。ここからはぼくの想像だ。結果を出し続けてもイチロークラスになると、次第にそれが当たり前のことだと思われてくる。年を取っても衰えないことも当たり前のことだと思われる。イチローなんだから、それぐらいできるはず。評価自体が「殿堂入り」してしまったら、それはそれで得られる報酬が少なくなるのではないだろうか。

感情から見た幸せ

意志力は鍛えられない。それは感情と結びついていて、どこまでいっても儚いものだから。その証拠は一流と呼ばれる人たちの振る舞いをみればわかる。

プロスポーツ選手がドラッグやセックス依存症に陥ったり、ドーピングの誘惑に勝てない。政治家でも映画プロデューサーでもなんでもいいが、成功をおさめた人たちのスキャンダルをみんな覚えているはずだ。エリック・クラプトンやブラッド・ピットですらアルコール依存症に陥り、ジダンの引退試合はなぜか頭突きで終わってしまった。

2018年グラミー賞7冠を取ったブルーノ・マーズは、同年4年ぶりに来日し、さいたまスーパーアリーナでライブを行った。そして、彼はライブ中に最前列でスマホを使って自撮りする観客に怒り、タオルを投げつけた。どれだけ成功していたとしてもその瞬間の彼は、その辺で笑っている一般人より幸せではなかったはずだ。こんなふうにどこまで行っても人は人だ。しかし人は、優れた人や責任ある立場の人間に、24時間意志力の行使を求める。しかし、そんなことができる人は地球上どこにもいない。意志力は感情と結びついているから。そして、感情のない人間はいないからだ。

だからもっと、自分と同じ1人の人間として見てあげるべきだ。少なくとも何かの失敗を犯した時に、その人が成し遂げた他のすべてまで否定するのは変だ。人はどこまでいっても愚かしい、だからこそ愛すべきところがあるのだから。

誰しもそこそこ幸せで、そこそこに不幸

人と関わったり、集中したり学んだりダンスでもいい。すると副産物や副作用として幸せが味わえる。そうとも。幸せ探しはほどほどにしてあじわうべきだ。何かを探すことの幸せを。

——映画『しあわせはどこにある』

人は手に入れたものの喜びに浸り続けることはできない。進化心理学者のダニエル・ネトルはこの人間の習性を次の様に喩えている。「イチゴ畑が気に入っていても、向こうの川に鮭のよい漁場があるかもしれない」と人は思うと（ダニエル・ネトル『目からウロコの幸福学』山岡万里子訳、オープンナレッジ）。

生きていくには、イチゴ畑があれば充分だし、新たな挑戦もせずに済むので楽なはずだが、それではなぜか人は飽き足らない。生物学的な説明はこうだ。持っているもの（イチゴ畑）を過剰に評価していると、環境が変わったときに生き残れなくなる。そして新たな糧を見つけることができれば、イチゴ畑がダメになっても生き残れる。だから新しいもの、次の新しいものを人間は求める。

今持っているもので飽きずに満足できた方が人間は幸せなはずだ。しかし、今持っているものに飽きて、新しいものを求めるように人間は本能に仕向けられている。だから、どこまで行っても悩み、不安も出てくる。人は課題を見つけてくる天才なのだから。どんな環境にも慣れ、飽きる。人はその機能によって繁栄したのだから。

悩みや不安。それは自分の問題と捉えるより、生まれつき人に備わってしまっている仕組みだと考えたほうがいい。音楽家の前野健太さんにはこんなタイトルの曲がある。「悩み、不安、最高‼」。いつまでも一緒にいる必要があるなら、いっそ友人になってしまう。

前作の本を書いて、身に沁みてわかった。大成功した。でもまた次の目標が出てきて、次もうまくやりたいとどうしても思う。この次も同じことで、満足感を積み重ねていくしかないのだろう。そしてぼくはもう幸せが何なのかなどと、あまり考えなくなった。

安心して眠れ、不足なく食べられて、気の合う友人や愛する人がいる。それを満たした後の人は、どこまで行っても、そこそこに幸せで、そこそこに不幸なのだ。

苦しみという相棒

> 苦しみはなくならないよ。苦しみでなくなるんだよ。
>
> ——荒了寛（『空即是色　花ざかり』里文出版）

ぼくは習慣を始めた当初、苦しみと楽しみについてこんなふうに誤解していた。

- ●まず苦しみ、その後に楽しむ＝努力
- ●まず楽しみ、その後に苦しむ＝怠惰

苦しみと楽しみがやってくる順番が違うだけで、努力と怠惰はほとんど同じ行為なのではないか？　と考えたりした。

しかし習慣を続けていくと、苦楽というものがよくわからないものになってきた。努力の中には当然苦しみもある。走れば息が上がるし、バーベルを持ち上げれば筋肉が悲鳴をあげる。しかしその行為が終われば、満足感が訪れる。それを何度も何度も繰り返していくうちに、今自分が感じている苦しみがあるからこそ、その後の満足感がやってくることがわかってくる。

それをさらに続けると、自分が今感じているのが苦しみなのか楽しみなのかはっきり言えなくなってくる。苦しみと楽しみの時間軸がギュッと縮まり、ほぼ重なっているように感じる。今感じている苦しみの中に楽しみが同時に現れているような、苦楽を同時に感じているような気持ちになってくる。

習慣にした後も、荒了寛さんが言うように苦しみがなくなるわけではない。しかし苦しみがあること自体に慣れ、なんというか苦しみが「いつもいる常連の人」のように思えてくる。

ぼくは苦しみをできるだけ減らすことが良いことなのかと思っていたが、どうやら違うようだ。僧侶の永井宗直さんは、仏道の修行についてこんなことを言っている。掃除も修行のひとつだがそこでは「ここはきれいだから掃除しなくてもいいだろう」などという判断を、徹底的に排除することを学ばされるという。

「『あれせぇ、これせぇ』、『はい、はい』と、考える隙がないほどやらされるうちに、その場その場で、やるべきことに集中できるようになります。すると、損か得か、苦か楽か、と、自分勝手に判断することが少なくなる。そのように損得、苦楽の差がなくなることを、『さとる』というのです」(『いいね』30号、クレヨンハウス)。

ぼくは今まで、苦しみと競争して勝つことができれば、それを上回る楽しみを得ることができるのではないかと考えてきた。しかし、ぼくは目の前にある苦しみを、以前とは違う目線で眺め始めている。「Compete」は競争するという意味の英語だが、ラテン語での本来の意味は「ともに闘う」という意味だそうだ。ぼくは今、刑事映画での銃撃戦のように、もはや苦しみというパートナーを信頼して、自分の背中を安心して預けているような気がする。

苦しみは敵ではなかった。それはともに闘う相棒なのだ。

走りながら考え、考えながら走る

ぼくは今、こんな風景を夢想している。ぼくはずっとマラソンを走ることに憧れていた。だが、走っている選手たちを見るとまったくレベルが違うので、「自分は応援に回るしかない」と観客席に長らくいた。

そうしてやったことと言えば、実際に走ることではなく「マラソンを完走する方法」みたいなマニュアル本を読むだけ。今さら不細工な姿で走り出して、恥をかくのも怖かった。

そんなぼくもある時ようやく勇気を振り絞ってマラソンに参加することにした。そこでぼくがしたのは、またしても入念な準備だった。スタートの合図は聞こえていたはずなのに、不安で靴紐を何度も結び直したり、入念なストレッチを繰り返していた。

そんなことばかりしているうちに、他の選手たちはすでにスタート地点のトラックに戻り、周回を始めている。選手たちがもう少しで切ろうとしているゴールテープの脇から、ようやくぼくはスタートを切ったところだ。

ずいぶんと出遅れてしまった。ゴールする前に会場は片づけられているかもしれない。しかしようやくわかった、いくら周回遅れでも、時間内にゴールできなかったとしても自分が満足できればそれでいい。ぼくがいるのは観客席でもテレビの前でもない。今ぼくが走っているのは、他の選手たちと間違いなく同じトラックなのだ。

苦しみ「これからちょっとキツくなるらしいぞ。やめとくか?」。

ぼく「おいおい、誰にものを言ってるんだ?」。

さあ、靴紐を結んだら、とにかく走り出してみようじゃないか。

おわりに

この本の執筆は難航を極めました。もう難航というか、毎日座礁（笑）。「毎日原稿を書く」ということが習慣化されていなかったからです。それはぼくが最後に身につけた習慣でした。

「次の本のテーマは習慣にしよう！」と天啓が降りてきたのは、2016年の1月7日、御茶ノ水に向かう電車の中と日記には記されています。そこから2年半も経ってしまいました。なぜそんなにかかってしまったのか？　今となってはその理由がわかります。

3章で紹介した、作家のジョン・アップダイクの「書かないことはあまりにも楽なので、それに慣れてしまうと、もう二度と書けなくなってしまうから」という言葉。ぼくもまさに、書かないことに慣れ「書かないこと」を習慣にしてしまっていたのです。

だから習慣について書いたこの本は、この本を書く中で学んだ習慣についての知識がなければ書くことができませんでした。なんだか変な話です。自分が書く内容に教えられながら、書けるようになっていったとは。

原稿を書くのがそんなありさまだったので、発売はたびたび延期をお願いし、締め切りはギリギリを遥かに超えたK点越え、元編集者ならではのウルトラCを決めてしまいました。

担当編集、八代真依さんの結婚式と新婚旅行が締め切りと重なったので「これはキッチリその前に済ませて、気持ちよく旅行に旅立ってもらわねば！」と思ったのだけど、まったく全然間に合わなかったですね。ギリギリの状況下でも、八代さんのほのぼのとした人柄に助けられました。心の底からごめんなさい。そしてご結婚おめでとうございます。

書籍編集部の内田克弥さん。担当でもないにも拘らず、原稿を読んでもらって的確なアドバイスを頂きました。「誰かに読んでもらって感想をもらう」という編集者の存在は、書くために必要なことなんだなと改めて思いました、ありがとうございます。

書籍編集部編集長、青柳有紀さんにもぼくのようなぺーぺーの新人に大きなお心遣いを頂いて嬉しかったです。そう、この本は、ぼくが以前働いていたワニブックスからの出版です。だからこの本に関わってくれるメンバーたちの顔が見えていることを嬉しく思います。制作部の大塚俊幸さん、営業部の櫻井釈仁さんをはじめまた皆さんご厄介になります。

こんなんだったらいいな〜と想像していた以上の素敵なイラストを書いて頂いたやまぐちせいこさん、甲乙つけがたい表紙案をたくさん作って頂き、こちらの細かい要望にも応えて頂いたデザイナーの西垂水敦さんにも感謝申し上げます。

DTP、校正、印刷の皆様にもご迷惑かけまくりました、まず自分がきちんとやらんと、ほんとに。猛反省です。流通、取次、書店のみなさまもよろしくお願いします。

この本で言及させて頂いた研究者やクリエイター、アスリートのみなさん。この本はぼくが書いたというよりもみなさんが言っていることを、ぼくが勝手に消化し、編集して並び替えたという感じです。みなさんの努力にひたすら敬服しております。

さて、両親に感謝したいことは前作と不思議と同じです。この本でも中心的なテーマとなった、マシュマロ・テストのウォルター・ミシェルは子育てについてこんなことを言っています。親から過剰にコントロールをされた子どもではなく、選択と自主性が尊重された子どもが最もマシュマロ・テストで成功するスキルを得られたと。

自分は意志が弱い人間だと思っていたけど、ぼくがまさにそうやって両親に育ててもらったことは、今身についている習慣にも何かつながっていると思う。

ぼくが運動を始めたのは29歳の時でした。それはその年、まだまだこれからという時に亡くなった父の影響だったことを最近思い出しました。父から「お前はちゃんと運動したり、節制しろよ」。そう言われた気がして、その時始めたんですよね。あ、ぼくのマラソンはマラソンランナーだった母の影響もあった！　本当にありがとう。

さて習慣にする奥義のひとつは3章で紹介した通り、宣言することです。そうして自分にプレッシャーをかけるのです（笑）。ぼくも次回作のテーマを公表しておこうと思います。本作の重要なテーマであった「感情」、それをお金と絡めて「感情貨幣論」なんて書きたい。習慣の神様、敬愛するアンソニー・トロロープ（作品は未読、笑）のようにこの本の原稿を仕上げたらすぐさま、次の本に取りかかります。

いやぁしかし、前作の『ぼくモノ』はたくさん翻訳されたので海外の出版社が「Fumio Sasakiの次回作ならぜひ翻訳したい」とか言ってくれるんですよ。まだ原稿全然できとらんわ、ただのプレッシャーやわと思ったんですけど。でもそういう方たちや、発売前に「予約したよ〜」と言って下さる読者の方の期待に応えたいと思わなかったら、きっと本なんて書けない。

ぼくは独身丸出しで、田舎に引きこもって暮らしています。多分ですけど、これからもそんな感じで生きていきます。そんなぼくでも、人のためじゃないと書けなかった。やっぱり人は人のために生きているんだなーと、改めて思うことができたのです。

２０１８年５月27日　佐々木典士

文庫版あとがき　自分と誰かの尊厳を守ること

この本を書いたあと、英語を勉強するために留学することにした。英語をしゃべるということに長い間恐怖を感じていたが、その恐怖に正面から向き合う時が来たと思ったからだ。

ぼくが滞在していたのはフィリピンのドゥマゲテという都市。学校は住まいと一体化し、食事も提供される形だった。初めて住む外国では、何もかも新鮮な体験が待ち構えていたが、馴染みがあったのは学校の「時間割」という仕組みだ。学校生活で、朝食が何時に始まり、授業はいつ終わり、夕食は何時で〜という時間割で過ごす生活とぼくの「大人の時間割」はほとんど同じようなものだった。

学校の近くには海があり、毎朝早起きして朝日を見に行くことが習慣になった。ビーチにいるたくさんの野良犬がぼくのことを覚えてくれて、行くと駆け寄ってきてくれた。毎日運動できるように、ジムやプールが併設された学校を選んでもいた。仕事は取材を受ける程度にし、毎日のメインは英語の勉強。そんな学校生活を半年間続けた。

そして学校を卒業した後も、そこにとどまることにした。フィリピンと日本は距離的にすごく近いのに、フィリピン人の考え方や性格や文化は、日本人のそれとかけ離れていてとても面白かったからだ。彼らはいつも笑っていてポジティブだ。一緒にいると無表情なぼくでさえついつい笑顔になる。現地で撮った写真は笑っているものばかりだ。そこでぼくは、ずっと干しておらずジメッとした布団が、明るい太陽に乾かされていくような感覚を受けた。そうしてその文化の違いから学んだことや、移住の方法を本にまとめたいと思ったのだ。

利用できそうな図書館がなかったので、仕事場になったのは海沿いのカフェ。そこに毎日通った。頼むのもいつも同じ目玉焼きが載ったスパム丼とアイスコーヒーか、マンゴーシェイク。注文するとまたかと笑われた。こうして初めての外国の生活でも、ぼくは習慣をあまり変えずに済み、続けることができた。

新型コロナウイルスと習慣

そんなぼくの習慣が大きく揺さぶられたのは、やはり新型コロナウイルスの影響だ。確定申告のためにフィリピンから日本に帰国していたのだが、フィリピン政府の対応は素早く、あっという間にフィリピンに戻れなくなってしまった。仕方なしに残してきた荷物は友人のフィリピン人に預かってもらい、実家のある香川県で母親と一緒に過ごすことにした。

母親はぼくが実家に帰るまで、深夜遅くまでテレビを見て、朝もゆっくり起きるという生活をしていた。誰かがまだ寝ているのに、朝早く起きてモゾモゾするのは最初は気が引けた。だが朝の新鮮な頭を使わないと、結局原稿も書けないことがわかったので、今も早起きは続けている。ぼくの方が起きるのが早いので、朝ごはんを作るのはぼくの役割になった。今、母は朝目覚まし時計で起きて一緒に朝ごはんを食べているので、以前より窮屈に感じているかもしれない。それでも寝る時間はだいぶ早まったので、多少は健康的な生活になったのではないかとぼくはほくそ笑んでいる。

実家は古い家で広いので、手をかけなければいけないところがたくさんある。庭や畑もある。だから午前中の2時間を、ＤＩＹや畑仕事、草抜きなどの雑用に使うことにした。感染者が多いときには自粛していたが、午後からはいつもと同じようにカフェに行って仕事をする。母は基礎疾患があるので万が一コロナに感染したらまずいと思い、スポーツジムへ行くこともしばらく控えた。河川敷をランニングすることだけは続けた。

またも習慣に助けられる

そんなふうにできなくなった習慣もあったが、コロナ禍においても自分の習慣に助けられたと思うことはよくあった。まず本当に良かったのはお酒をやめていたこと。断酒はもう6年目になる。「飲みたくならないの？」といまだに言われるが、お酒の味を想像しづらくなっているし、全然飲みたくならない。自宅で自粛中に、飲酒量が増えた人は多いというから、ぼくもまだ飲んでいたとしたら外出できない鬱憤を飲酒で晴らしていたはずだ。

瞑想やランニングといった何も必要とせず、一人で過ごせる方法を身につけていたこともよかった。家からほとんど全然出られないようなひどい状況になったとしても、ただ瞑想をして過ごせばいいやと思えることはぼくにとってお守りのような存在だった。いつものように大好きな旅に出て新鮮な刺激を求められない時、ランニング中に踏む土や雑草の感触、四季の移り変わりは心を和ませてくれた。

しかしこうして長い間、習慣と向き合ってきていても習慣は度々崩れてしまう。やった後には自己肯定感を感じられ意志力が出るのはわかっていても、今日は何もしたくないという日だってぼくにもある。やっぱり意志力なんて鍛えられてもいないし、弱いままだ。今もぼくは習慣が崩れては組み立て続けていることに変わりはなく、その態度こそが習慣だと思うことも変わらない。

肩の力を抜く

ぼくの中で変わったこともある。思えば、この本はぼくがフリーランスになって初めて書いた本だ。ぼくが尊敬する人たちがとても素晴らしい本を書いている。そんな人たちの仲間入りをし、自分が満足できる本を書き続けるためには、ダラダラしていた今までの遅れを取り戻し、毎日毎日着実に何かをしなくてはいけない。そんな肩に力が入っていた状態だったと今は思える。最近はずいぶん力も抜けてきている。そんな自分も認めてあげようという気持ちになってきている。ミニマリストとしてカリカリにモノを削り取った生活を実践した後に、よりリラックスしたものになっていったのと同じかもしれない。一度厳密に習慣を組み立てる経験をして、原理原則を学ぶ。自分がどんな言い訳をする人間なのか、どうしたら意志力が生まれるのか、自分について詳しくなる。そこまでいったら、少し手を緩めてみるのもいい。文化人類学者のデイヴィッド・グレーバーは、ぼくたちは今「ライフ」という贅沢を持ち合わせていないと言っている(『ブルシット・ジョブ――クソどうでもいい仕事の理論』岩波書店)。今は、ヨガ教室に1時間通ったり、2時間ネットフリックスでドラマを見たり、30分だけ買い物したりと余暇ですら時間が細切れになっている。それに対して、友人とカフェで1日中政治談義をしたり、夜遅くまで恋愛相談を受けたりするのはとても時間がかかり、無駄なこともあるかもしれないが、贅沢な「ライフ」でもある。ぼくは今、その「ライフ」も楽しもうという気になっている。早起きは相変わらずしたいが、たまには深夜まで人生相談を受けて、次の日寝坊するのも悪くはない。

どのように人を肯定するか

そうして、今のぼくの関心はどのように人を肯定するかという問題に移っている。ある習慣を達成すると自己肯定感が生まれる。その自己肯定感が意志力につながるから、次の習慣も達成しやすくなる。このことは今も毎日実感している。

そのように何かを達成したことで肯定する方法は自分のうちに収まっているうちはいい。しかし、その基準で他人に眺めだすと問題も起こる。その人ができたこと、成し遂げたことで人を測るなら、できなかった人は貶められることになってしまう。子ども（ぼくの場合は甥や姪）と向き合っているとそういう考え方が自分にも染み付いているのがわかる。何かできたごほうびとして褒めたり何かをあげる。できなければごほうびはお預けにしたり、取り上げたくなる。

大切なのは条件ではなく、存在自体

子どもと向き合うときに大事なのは、何かのごほうびとして愛情を奮発したり、できなかった罰として愛情を引っ込めたりすることではないという。そうではなくプロセスを褒めてあげたり、子供が関心を持っていることに注目してあげることが大事だそうだ。そうして、条件ではなくあなたの存在そのものが大事だというメッセージを伝える。

お年寄りと向き合うときも同じだ。人は加齢とともに以前できたことが段々とできなくなっていくのだから、できた結果で人を判断していては、誰しも最後は肯定されないことになってしまう。

ここで参考になるのはユマニチュードという介護の方法だ。この方法では「見る」「話す」「触れる」といった基本的なことが重視される。相手の目をしっかりと見つめてあげることや、話しかけること、肩や背中に優しくゆっくり触れること。そうして相手がどんな状態であれ、相手を大切に思っているというメッセージを伝える。するとなぜか認知症などの症状が大きく改善されるのだという。これはできること、能力で人を測ることと正反対だ。

オープンダイアローグというフィンランドで生まれた精神療法も同じだと思う。患者やその家族、治療者がただ一緒になって話をする。患者の妄想や認知の歪みもいたずらに否定せずに話をただ聴く。それを必要なら毎日続ける。するとなぜか統合失調症などの精神疾患に他の治療と比べても有意に効く。患者の話を否定せずに耳を傾けると、なぜか精神疾患が治癒される。

本当に必要なのは見つめられることであり、ただ耳を傾けてくれること。これは子どもと老人の間にある大人にも、正気と病いの間にある普通の人々にも本来必要なはずだ。何かができたかどうかではなく、存在そのものを認められる。そうして尊厳が守られる。そのことが成長や、健康状態にプラスに働く。

ぼくは今も、誰かが言っていることがありきたりだったり、面白くなかったりするとついつい耳を塞いでしまいたくなる。もっと役に立ちそうなものに触れたくなる。誰かが何かで悩んでいると、こうしたらいい、こう考えたらいいとお医者さんのように何かを処方したくなる。しかし、それは相手の考えを否定することや尊厳を奪うことにもなりかねない。

習慣で言えば、それを達成したときだけではなく、できなかったときも自分を肯定してあげることが必要になってくる。自分に対してそれができるようになれば、他者もより肯定でき、尊厳を守ることができるようになるかもしれない。最近はそんなことを、よく考えるようになった。

２０２１年11月5日　佐々木典士

解説　完璧主義者による人体実験の成果

pha

佐々木さんの本を読むたびに、「なんて徹底的な人だろう」と思う。

ミニマリストをテーマにした前作の、『ぼくたちに、もうモノは必要ない。』も、そんな本だった。

『ぼくたちに、もうモノは必要ない。』では、「なぜモノは増えるのか」「なぜモノを減らすとよいのか」といった問題が、あらゆる視点から分析され、徹底的に論じ尽くされている。

読むと、モノが雑然と散らかっている部屋が好きな僕でさえ、ちょっとモノを減らしてみようか、という気持ちにさせられてしまう本だった。

そして、習慣をテーマにしたこの『ぼくたちは習慣で、できている。』もまた、同じように徹底的な熱意にあふれている本だ。

才能とは、努力とは、習慣とは一体何なのか。

成功者たちはどういう習慣を持っているのか。

人間はなぜ悪い習慣を持ってしまうのか。

悪い習慣をやめて、良い習慣を身につけるにはどうすればいいのか。

そうした疑問について、佐々木さんは、人類の進化の歴史や、最新の脳科学の成果や、さまざまな偉人たちのエピソードを、山ほど参照しながら論じていく。

そして、「具体的にどう行動すればいいか」ということについても、3章の「習慣を身につけるための55のステップ」で事細かく解説されている。

「そんなこと言っても、頑張れる人はそういう才能があるんでしょ?」とか、「できるものならやりたいけど、自分はどうやってもうまくいかないんだ」といった、僕らがすぐに陥りがちな「やらない言い訳」を、佐々木さんは一つずつ丁寧に潰していく。

「そこまで言われたら自分もやるしかないな……」という気分に否が応でもさせられてしまう、すごい本だと思った。

佐々木さんの本には、さまざまなジャンルの本から吸収した知識が、あふれるほど集められている。

まるで、「関係のある情報は全て集めなければいけない」「漏れがあってはいけない」と思っているかのようだ。

その理由は、自分でも言っているように、佐々木さんが完璧主義者だからなのだろう。

僕はわりといい加減で、何に対しても「まあどっちもどっちだな」と思って適当にやってしまうほうなので、佐々木さんの徹底ぶりには感心してしまう。

佐々木さんの本を読んでいて感じるのは、この本は自分自身のために書いたものなのだろう、ということだ。

完璧主義者である自分を納得させるためには、これだけいろいろなことを調べ尽くすことが必要だったのだろう。ときどき差し込まれるエピグラフ（短文の引用）は、自分自身の脳内に知識を刷り込むための催眠術のようだ。

自分のために書いているから熱意がこもっている。

そしてその熱意が読者へと伝染する。

この本は、完璧主義者である佐々木さんが、自分自身を実験台とした実験の成果だ。佐々木さんほど徹底できない一般人のわれわれ読者は、その実験の成果を読むことで享受すればいいのだ。

佐々木さんの本は自分の体験を元にしているけれど、自意識のようなものはあまり感じない。自分の話はあくまでサンプルの一つに過ぎなくて、本当に書きたいのは、全ての人間に共通する本質みたいなものなのだろう。

この本はまるで、人間という機械のコントロールの仕方を書いた本のようだ。佐々木さんの本には、本人の自意識はあまり出てこないけれど、自分を出さずにさまざまな知識を集めて本質に迫ろうとするスタイル自体が、佐々木さんの個性を何よりも表している。

これからもそのスタイルで、いろいろなジャンルについて書いていってほしい。僕らが自分で調べるのは面倒臭いことを、佐々木さんが代わりに調べて教えてほしい。もしくは、ちょっと別の雰囲気の文章も読んでみたい。

この本の「文庫版あとがき」では、単行本を出したあとの、佐々木さんの近況が語られている。そこで書かれていた、フィリピンや香川県での生活の話も面白かった。そんな感じの雑記が多めの文章もいいんじゃないだろうか。

佐々木さんの文章は軽くて読みやすくて、書き手の顔が見えるけれど自己主張のうっとうしさがない。そして、「何が大事なことか」というポイントが、スッと伝わってくる。

これからも佐々木さんの興味のおもむくままに、いろいろな場所に行って、さまざまなことを調べて、文章を書き続けてほしいと思う。

Looking for the "Best" Job Undermines Satisfaction" (2006)
4－8（ハワード・サーマンの言葉） Gil Bailie "Violence Unveiled: Humanity at the Crossroads" (Herder & Herder 1995)

3—17（401kの割合） D. Laibson, "Psychological and Economic Voices in the Policy Debate," Presentation at Psychological Science and Behavioral Economics in the Service of Public Policy (2013). R. H. Thaler, C. R. Sunstein "Nudge : Improving Decisions About Health, Wealth, and Happiness"（2008）

4章

4—1（仰木監督の言葉） 齋藤孝『天才の読み方——究極の元気術』（だいわ文庫）

4—2（ラットの実験） M A Visintainer, J R Volpicelli, M E Seligman "Tumor rejection in rats after inescapable or escapable shock"（1982）

4—3（リチャード・バックの言葉） Applewhite, Ashton ; William R. EvansⅢ, Andrew Frothingham "And I Quote"（St. Martin's Press）.

4—4（アンソン・ドーランスの言葉） Anson Dorrance, Gloria Averbuch "The Vision of a Champion: Advice and Inspiration from the World's Most Successful Women's Soccer Coach"（Huron River Pr）

4—5（ホーキングの言葉） TIME "'Remember to Look Up at the Stars.' Read Some of Stephen Hawking's Most Memorable Quotes"（2018）

4—6（キャロル・ドゥエックの言葉） Daniel C Molden , Chin Ming Hui, Abigail A Scholer, Brian P Meier, Eric E Noreen, Paul R D'Agostino, Valerie Martin "Motivational versus metabolic effects of carbohydrates on self-control"（2012）

4—7（バリー・シュワルツの実験） Sheena S. Iyengar, Rachael E. Wells, Barry Schwartz "Doing Better but Feeling Worse:

3—8（コロンビア大学の実験） Ran Kivetz, Oleg Urminsky, and Yuhuang Zheng "The Goal-Gradient Hypothesis Resurrected : Purchase Acceleration, Illusionary Goal Progress, and Customer Retention"（2006）

3—9（ＮＡＳＡの研究） MR Rosekind , RM Smith, DL Miller, EL Co, LL Webbon, PH Gander, JV Lebacqz "Alertness management: strategic naps in operational settings"（1995）

3—10（高橋尚子さんの言葉） 週刊現代『瞬間最高視聴率59.5%！シドニー五輪でＱちゃんが見せた「意地の激走」～あの金メダルまでの道のり』（2016年８月７日）

3—11（アインシュタインの言葉） ジェリー・メイヤー、ジョン・Ｐ・ホームズ編『アインシュタイン150の言葉』（ディスカヴァー・トゥエンティワン）

3—12（習慣にかかる平均日数） Phillippa Lally, Cornelia H. M. van Jaarsveld , Henry W. W. Potts, Jane Wardle "How are habits formed: Modelling habit formation in the real world"（2009）

3—13（マーク・トウェインの言葉） Compiled by John P. Holms, Karin Baji "Bite-size Twain: Wit & Wisdom from the Literary Legend" Thomas Dunne Books

3—14（ウィリアム・ジェームズの言葉） William James "Talks to Teachers on Psychology and to Students on Some of Life's Ideals"

3—15（処方された薬について） Alex J. Mitchell, Thomas Selmes "Why don't patients take their medicine? Reasons and solutions in psychiatry"（2018）

3—16（アメリカ人の貯蓄について） GOBankingRates "Survey: 69% of Americans Have Less Than $1,000 in Savings"（2016） and Jeffrey M. Quinn "Habits: A Repeat Performance" (2006)

2—2（ベンジャミン・リベットの実験） Libet B, Gleason CA, Wright EW, Pearl DK. "Time of conscious intention to act in relation to onset of cerebral activitiy (readiness-potential). The unconsious initiation of a freely voluntary act" (1983)

2—3（リスのエピソード） ダニエル・ギルバート『明日の幸せを科学する』（熊谷淳子訳、ハヤカワ・ノンフィクション文庫）

3章

3—1（マーク・トウェインの言葉） Compiled by John P. Holms, Karin Baji "Bite-size Twain: Wit & Wisdom from the Literary Legend" Thomas Dunne Books

3—2（ビッグマックの売上） Keith Wilcox, Beth Vallen, Lauren Block, Gavan J. Fitzsimons "Vicarious Goal Fulfillment: When the Mere Presence of a Healthy Option Leads to an Ironically Indulgent Decision" (2009)

3—3（ソール・ベローの言葉） ロビン・シャーマ『3週間続ければ一生が変わる』（北澤和彦訳、海竜社ポケット版）

3—4（マイモニデスの言葉） "A Maimonides Reader" (Behrman House, Inc.)

3—5（リンゴとチョコバーの実験） Fishbach, Ayelet & Dhar, Ravi "Goals as Excuses or Guides: The Liberating Effect of Perceived Goal Progress on Choice" (2005)

3—6（ミシシッピ・サマー・プロジェクトについて） Doug McAdam "Recruitment to High-Risk Activism : The Case of Freedom Summer" (1986)

3—7（ジェリー・サインフェルドについて） Lifehacker "Jerry Seinfeld's Productivity Secret" (2007年7月24日)

【参考文献】

はじめに

0—1　西東社編集部編『必ず出会える！ 人生を変える言葉2000』（西東社）

扉

0—2　ウィリアム・ジェームズ『心理学』上・下巻（今田寛訳、岩波文庫）

1章

1—1（新年の誓い） John C Norcross, Marci S Mrykalo, Matthew D Blagys "Auld lang syne: success predictors, change processes, and self-reported outcomes of New Year's resolvers and nonresolvers"（2002）

1—2（セロトニンの実験）『遅延報酬の割引に対するセロトニンの効果――精神疾患の病態理解への応用――』（岡本泰昌、岡田剛、志々田一宏、福本拓治、町野彰彦、山下英尚、田中沙織、銅谷賢治、山脇成人 2012）

1—3（ティム・エドワード＝ハートの実験） ゆうきゆう『人生を好転させるシンプルな習慣術』（海竜社）

1—4（ドーパミン遮断の実験） K C Berridge , I L Venier, T E Robinson "Taste reactivity analysis of 6-hydroxydopamine-induced aphagia: implications for arousal and anhedonia hypotheses of dopamine function"（1989）

2章

2—1（デューク大学の実験） David T. Neal, Wendy Wood

46 やらないよりやった方がましになる
47 難易度は少しずつ上げる
48 谷間の試練を乗り越える
49 やるほど高まる自己効力感
50 連鎖反応を起こす
51 習慣には応用力がある
52 自分ならではの習慣を作る
53 人の習慣と折り合いをつける
54 習慣はいつか崩れる
55 習慣に完成はない

習慣を身につけるための55のステップまとめ

01　悪循環を断ち切る
02　まず、やめることを決める
03　転機を利用する
04　完全に断つほうが簡単
05　代償は必ず支払う必要がある
06　習慣のトリガー&報酬を洗い出す
07　真犯人を探す探偵になる
08　アイデンティティを言い訳にしない
09　まずは、キーストーンハビット
10　自分観察日記をつける
11　瞑想で認知力を鍛える
12　やる気は、やる前に出ないと知る
13　とにかくハードルを下げる
14　ハードルは内容に勝る
15　やめたい習慣はハードルを上げる
16　初期投資にお金をかける
17　チャンクダウンする
18　目標はバカバカしいほど小さくする
19　今日始める
20　毎日やるほうが簡単
21　「例外」を即興で作らない

本書は、二〇一八年六月、ワニブックスより刊行された『ぼくたちは習慣で、できている。』に加筆、増補したものです。

3章「習慣を身につけるための55のステップ」のSTEP27、29、35、44、53は増補した。

年収90万円でハッピーライフ　大原扁理

世界一周をしたり、隠居生活をしたり。「フツー」に進学、就職してなくても毎日は楽しい。ハッピー思考術と、大原流の衣食住で楽になる。（小島慶子）

ぼくたちは習慣で、できている。 増補版　佐々木典士

先延ばししてしまうのは意志が弱いせいじゃない。良い習慣を身につけ、悪い習慣をやめるステップを55に増補。世界累計部数20万突破。（ｐｈａ）

ぼくたちに、もうモノは必要ない。 増補版　佐々木典士

23カ国語で翻訳。モノを手放せば、毎日の生活も人との関係も変わる。手放す方法最終リストを大幅増補し、80のルールに！（やまぐちせいこ）

はたらかないで、たらふく食べたい 増補版　栗原康

カネ、カネ、カネの世の中で、ムダで結構。無用で上等。爆笑しながら解放される痛快社会エッセイ。文庫化にあたり50頁分増補。（早助よう子）

半農半Xという生き方【決定版】　塩見直紀

農業をやりつつ好きなことをする「半農半X」を提唱した画期的な本。就職以外の生き方、転職、移住後の生き方として。帯文＝藻谷浩介（山崎亮）

減速して自由に生きる　髙坂勝

自分の時間もなく働く人生よりも自分の店を持ち人と交流したいと開店。具体的なコツと、独立した生き方。一章分加筆。帯文＝村上龍（山田玲司）

自作の小屋で暮らそう　高村友也

好きなだけ読書したり寝たりできる。誰にも文句を言われず、毎日生活ができる。そんな場所の作り方。推薦文＝髙坂勝（かとうちあき）

ナリワイをつくる　伊藤洋志

暮らしの中で需要を見つけ月3万円の仕事を作り、それを何本か持てば生活は成り立つ。DIY・複業・お裾分けを駆使し仲間も増える。（鷲田清一）

現実脱出論 増補版　坂口恭平

「現実」それにはバイアスがかかっている。目の前の「現実」が変わって見える本。文庫化に際し一章分「現実創造論」を書き下ろした。（安藤礼二）

自分をいかして生きる　西村佳哲

「いい仕事」には、その人の存在まるごと入ってるんじゃないか。『自分の仕事をつくる』から6年、長い手紙のような思考の記録。（平川克美）

かかわり方のまなび方　西村佳哲

「仕事」の先には必ず人が居る。自分を人を十全に活かすこと。それが「いい仕事」につながる。その方策を探った働き方研究第三弾。（向谷地生良）

人生をいじくり回してはいけない　水木しげる

水木サンが見たこの世の地獄と天国。人生、自然の流れに身を委ね、のんびり暮らそうというエッセイ。推薦文＝外山滋比古、中川翔子（大泉実成）

「ひきこもり」救出マニュアル〈実践編〉　斎藤環

「ひきこもり」治療に詳しい著者が、具体的な疑問に答えた、本当に役に立つ処方箋。理論編に続く、実践編。参考文献、「文庫版　補足と解説」を付す。

ひきこもりはなぜ「治る」のか？　斎藤環

「ひきこもり」研究の第一人者の著者が、ラカン、コフート等の精神分析理論でひきこもる人の精神病理を読み解き、家族の対応法を解説する。（井出草平）

人は変われる　高橋和巳

人は大人になった後でこそ、自分を変えられる。多くの事例をあげ「運命を変えて、どう生きるか」を考察した名著、待望の文庫化。（中江有里）

消えたい　高橋和巳

自殺欲求を「消えたい」と表現する、親から虐待された人々。彼らの育ち方、その後の人生、苦しみを丁寧にたどり、人間の幸せの意味を考える。（橋本治）

家族を亡くしたあなたに　キャサリン・M・サンダーズ　白根美保子訳

家族や大切な人を失ったあとには深い悲しみが長く続く。悲しみのプロセスを理解し乗り越えるための、思いやりにあふれたアドバイス。（中下大樹）

加害者は変われるか？　信田さよ子

家庭という密室で、DVや虐待は起きる。「普通の人」がなぜ？　加害者を正面から見つめ分析し、再発を防ぐ考察につなげた、初めての本。（牟田和恵）

パーソナリティ障害がわかる本　岡田尊司

性格は変えられる。「パーソナリティ障害」を「個性」に変えるために、本人や周囲の人がどう対応し、どう工夫したらよいかがわかる。（山登敬之）

生きるかなしみ　山田太一編

人は誰でも心の底に、様々なかなしみを抱きながら生きている。「生きるかなしみ」と真摯に直面し、人生の幅と厚みを増した先人達の諸相を読む。

思考の整理学　外山滋比古

アイディアを軽やかに離陸させ、思考をのびのびと飛行させる方法を、広い視野とシャープな論理で知られる著者が、明快に提示する。

質問力　齋藤孝

コミュニケーション上達の秘訣は質問力にあり！これさえ磨けば、初対面の人からも深い話が引き出せる。話題の本の、待望の文庫化。（斎藤兆史）

整体入門　野口晴哉

日本の東洋医学を代表する著者による初心者向け野口整体のポイント。体の偏りを正す基本の「活元運動」から目的別の運動まで。（伊藤桂一）

命売ります　三島由紀夫

自殺に失敗し、「命売ります。お好きな目的にお使い下さい」という突飛な広告を出した男のもとに、現われたのは？（種村季弘）

こちらあみ子　今村夏子

あみ子の純粋な行動が周囲の人々を否応なく変えていく。第26回太宰治賞、第24回三島由紀夫賞受賞作。書き下ろし「チズさん」収録。（町田康／穂村弘）

ベルリンは晴れているか　深緑野分

終戦直後のベルリンで恩人の不審死を知ったアウグステは彼の甥に訃報を届けに陽気な泥棒と旅立つ。歴史ミステリの傑作が遂に文庫化！（酒寄進一）

向田邦子ベスト・エッセイ　向田邦子　向田和子編

いまも人々に読み継がれている向田邦子。その随筆の中から、家族、食、生き物、こだわりの品、旅、仕事、私……、といったテーマで選ぶ。（角田光代）

倚りかからず　茨木のり子

もはや／いかなる権威にも倚りかかりたくはない……話題の単行本に3篇の詩を加え、高瀬省三氏の絵を添えて贈る決定版詩集。（山根基世）

るきさん　高野文子

のんびりしていてマイペース、だけどどっかヘンテコな、るきさんの日常生活って？　独特な色使いが光るオールカラー。ポケットに一冊どうぞ。

劇画 ヒットラー　水木しげる

ドイツ民衆を熱狂させた独裁者アドルフ・ヒットラーとはどんな人間だったのか。ヒットラー誕生からその死まで、骨太な筆致で描く伝記漫画。

ねにもつタイプ　岸本佐知子
何となく気になることにこだわる、ねにもつ。思索、奇想、妄想はばたく脳内ワールドをリズミカルな名短文でつづる。第23回講談社エッセイ賞受賞。

TOKYO STYLE　都築響一
小さい部屋が、わが宇宙。ごちゃごちゃと、しかし快適に暮らす、僕らの本当のトウキョウ・スタイルはこんなものだ！　話題の写真集文庫化！

自分の仕事をつくる　西村佳哲
仕事をすることは会社に勤めること、ではない。仕事を「自分の仕事」にできた人たちに学ぶ、働き方のデザインの仕方とは。（稲本喜則）

世界がわかる宗教社会学入門　橋爪大三郎
宗教なんてうさんくさい⁉　でも宗教は文化や価値観の骨格であり、それゆえ紛争のタネにもなる。世界宗教のエッセンスがわかる充実の入門書。

ハーメルンの笛吹き男　阿部謹也
「笛吹き男」伝説の裏に隠された謎はなにか？　十三世紀ヨーロッパの小さな村で起きた事件を手がかりに中世における「差別」を解明。（石牟礼道子）

増補 日本語が亡びるとき　水村美苗
明治以来豊かな近代文学を生み出してきた日本語が、いま、大きな岐路に立っている。我々にとって言語とは何なのか。第8回小林秀雄賞受賞作に大幅増補。

子は親を救うために「心の病」になる　高橋和巳
子は親が好きだからこそ「心の病」になり、親を救おうとしている。精神科医である著者が説く、親子という「生きづらさ」の原点とその解決法。

クマにあったらどうするか　姉崎等　片山龍峯
「クマは師匠」と語り遺した狩人が、アイヌ民族の知恵と自身の経験から導き出した超実践クマ対処法。クマと人間の共存する形が見えてくる。（遠藤ケイ）

脳はなぜ「心」を作ったのか　前野隆司
「意識」とは何か。どこまでが「私」なのか。死んだら「心」はどうなるのか。――「意識」と「心」の謎に挑んだ話題の本の文庫化。（夢枕獏）

モチーフで読む美術史　宮下規久朗
絵画に描かれた代表的な「モチーフ」を手掛かりに美術を読み解く、画期的な名画鑑賞の入門書。カラー図版約150点を収録した文庫オリジナル。

ちくま文庫

ぼくたちは習慣で、できている。増補版

二〇二二年一月十日　第一刷発行
二〇二三年八月五日　第三刷発行

著者　佐々木典士（ささき・ふみお）

発行者　喜入冬子

発行所　株式会社　筑摩書房
東京都台東区蔵前二―五―三　〒一一一―八七五五
電話番号　〇三―五六八七―二六〇一（代表）

装幀者　安野光雅

印刷所　三松堂印刷株式会社

製本所　三松堂印刷株式会社

ISBN978-4-480-43782-2　C0195